U0504308

智库丛书
Think Tank Series
国家发展与战略丛书
人大国发院智库丛书

2020全球金融
大动荡的再思考

Rethinking on Global Financial
Upheaval in 2020

王晋斌 著

中国社会科学出版社

图书在版编目（CIP）数据

2020 全球金融大动荡的再思考／王晋斌著．—北京：中国社会科学出版社，

2021.5

（国家发展与战略丛书）

ISBN 978 - 7 - 5203 - 8314 - 1

Ⅰ.①2…　Ⅱ.①王…　Ⅲ.①金融危机—研究—世界　Ⅳ.①F831.59

中国版本图书馆 CIP 数据核字（2021）第 072880 号

出 版 人	赵剑英
责任编辑	马　明
责任校对	任晓晓
责任印制	王　超

出　　版	中国社会科学出版社
社　　址	北京鼓楼西大街甲 158 号
邮　　编	100720
网　　址	http://www.csspw.cn
发 行 部	010 - 84083685
门 市 部	010 - 84029450
经　　销	新华书店及其他书店

印刷装订	三河弘翰印务有限公司
版　　次	2021 年 5 月第 1 版
印　　次	2021 年 5 月第 1 次印刷

开　　本	710×1000　1/16
印　　张	16
字　　数	201 千字
定　　价	89.00 元

凡购买中国社会科学出版社图书，如有质量问题请与本社营销中心联系调换
电话：010 - 84083683
版权所有　侵权必究

序　一

刘元春[*]

　　欣闻晋斌教授的新作即将出版，我很高兴为他的新作写个序言。晋斌教授是中国宏观经济论坛（CMF）的主要成员。2020 年年初新冠肺炎疫情暴发，全球金融市场剧烈动荡，美国股市从 3 月 9 日开始，短短十天时间里出现了 4 次熔断，这是历史上没有出现过的。这也是学者研究国际金融的难得样本。晋斌教授抓住了这样的机遇，以自己的专业知识和敬业精神，开始高频率跟踪研究世界经济和国际金融市场上的热点问题，并取得了不错的成果，产生了积极的社会影响。我为他的刻苦勤奋取得的成绩感到高兴。

　　中国宏观经济论坛（CMF）是 2006 年创立的，至今已经走过 15 个春秋。在这 15 年里，论坛主要成员积极工作，论坛已经取得了很大的影响力。晋斌教授积极参与论坛的工作，在论坛中磨炼、在论坛中成长，在世界经济、国际金融领域颇有建树。这本书也体现了晋斌

＊　刘元春，中国人民大学副校长。

教授在这些领域的专业敏锐性和扎实的功底。写作高峰时期几乎每天写一篇，记录了金融大动荡时期的历史，这是需要毅力的。

本书收录了晋斌教授在 2020 年下半年主要发表在 CMF 微信公众号的短文，每篇短文针对热点问题做了时评。尤其是针对国际金融市场变化、汇率变动等问题的研究是比较深入的，我读后觉得有价值，愿意推荐给读者。晋斌教授用朴素、简单的语言，依靠自己专业知识素养形成的逻辑，时评了国际金融市场上的热点问题，读起来通俗易懂，这是本书写作的一大特点。

当今世界正处于百年未有之大变局时期，世界经济格局面临深刻调整、国际金融市场的波动也是常态。这是一个从事国际经济和国际金融等领域研究人员发挥自己研究能力，出成果的时期。希望晋斌教授发挥自己的专业所长，再接再厉，取得更多、更好的研究成果。

2021 年 1 月 24 日于中国人民大学

序　二

杨瑞龙[*]

王晋斌教授邀我为他的新书作序，我有点忐忑不安，因为我对他研究的世界经济与国际金融领域不算太熟悉，学术上没有作序的底气。但又有点盛情难却，因为我们在同一个战壕里摸爬滚打十多年，好像应该为他的新作写点"溢美"之词。

王晋斌教授博士毕业留校在其他学院任教。我于2002年年初任经济学院院长，上任后为组建一支一流的师资队伍煞费苦心。时任经济学院副院长刘元春的教授向我推荐，说有一个叫王晋斌的年轻老师在《经济研究》及其他重要学术期刊上发表了多篇论文，我拿来一看，觉得质量不错，于是请来一见。办公室一叙，双方都感觉挺投缘，于是经过必要的组织程序开启了引人计划。经过一番周折，王晋斌终于落户经济学院国际经济系，其研究方向也稍作调整，转向世界经济与国际金融的教学与科研。多年来科研成果发表

---

* 杨瑞龙，中国人民大学中国宏观经济论坛联席主席。

颇丰，特别是在教学上颇为努力，课堂教学深得学生欢迎，每次毕业典礼上赢得的掌声也比较大，在经济学院顺利评上教授，并出任经济学院副院长。

2006 年在时任副院长刘元春的引荐下，我与中诚信集团董事长毛振华教授相见恨晚，一拍即合与中诚信集团联合创办中国宏观经济论坛，定期发布中国宏观经济形势分析与预测报告，一办就是十四年。在这十四年中，王晋斌教授始终是积极的参与者，成为中国宏观经济论坛的核心成员，每年都要写几篇有关世界经济形势、国际金融形势、人民币汇率走势等研究报告，研究水平大有长进，研究成果颇受好评，因在汇率研究方面发表了若干篇颇有影响的论文，被我们团队成员戏称为"汇率王"。

去年初新冠病毒肆虐中国，在中国政府强有力的防控下，疫情得到了有效的控制。由于疫情在世界蔓延，在美国等国家愈演愈烈，我国为了防止疫情再度暴发，教学改为网上进行，我们的宏观经济论坛也改变了发布方式，主要通过线上召开宏观报告发布会与热点问题讨论会，同时通过我们自己的公众号首发我们对宏观热点问题的研究文章。目前网上的公众号多如牛毛，能否吸引更多的粉丝，除了必要的推广工作外，很大程度上取决于你的公众号能否推出让网民有兴趣阅读的文章，特别是首发文章。为此，我们号召宏观经济论坛的研究团队成员踊跃向公众号投送文章。王晋斌教授自告奋勇，说他每周为中国宏观经济论坛的公众号提供一篇原创文章。原来我以为是说着玩的，每周写一篇几千字的文章并不是一件轻松的事情。后来连续几个月每周在公众号上都能看到王晋斌对世界金融热点问题的时评文章，甚至有时每周写两篇以上的文章。过了几个月，我以为王晋斌教授难以坚持下去，没有想到他越写兴致越高，迄今已经写了超过一百篇时评文章。他对国际金融问题的评论文章在网络上产生了越来越大的影响，很多文章被其他网站转载，今日头条还邀请他去开专栏，现在他把第二批的文章结集出版。

这次新冠病毒疫情对世界经济造成了巨大的冲击，全球金融也出现了显著的震荡，这种震荡也波及了我国的宏观经济、金融环境、企业行为，因此，及时研究全球金融的震荡及对中国的影响是有重要学术及应用价值的。王晋斌教授的这本文集的及时出版无疑是有重要意义的。我作为中国宏观经济论坛的联席主席，平时对王晋斌教授首发在中国宏观经济论坛公众号上的时评文章也颇为关注。我过去也为媒体写过经济随笔，也曾结集出版，深知写随笔或时评并不容易。写好一篇能吸引读者的随笔或时评，一要选题好，这需要有敏锐的眼光与独特的研究视角，紧紧抓住读者关心的热点问题。收录在本书的文章大多非常好地抓住了当时国际金融形势变化的重要热点问题展开讨论，时代脉搏的跳动在这本书中能明显感受到。二是要有扎实的理论功底。其实，在学术研究上要写出一篇让同行都看得懂的文章并不是非常难的，但要让不是从事学术研究的人都能看得懂的专业文章是相当难的，这要求写作者能对相关理论相当精通，并能用浅显的语言表达出来。读了王晋斌这本书，发现他对国际金融理论、汇率理论相当熟悉，对国际金融发生的事情也相当熟悉，从而能写出通俗易懂但背后具有明确的理论逻辑的时评。三是要有较好的语言表达能力。随笔或时评是专业人士写给主要是非专业人士看的文章，因此，对写作者的语言表达能力有着较高的要求。王晋斌教授这本书是一本能让非国际金融专业人士读得懂的关于全球金融动荡的书。

王晋斌教授在我们自己的公众号上推出了一大批热评国际金融变

化大事件的文章,这是要出版第二本文集,无论是对于他本人,还是对于我们的中国宏观经济论坛都是一件值得庆贺的事情。即使我不是国际金融方面的研究专家,我也很高兴为我的同事王晋斌教授写了这篇序,以示庆贺。

中国人民大学中国宏观经济论坛联席主席

2021 年 1 月 22 日

序　三

毛振华[*]

　　王晋斌教授的新书《2020 全球金融大动荡的再思考》即将出版，嘱我写序。

　　这本书收录了晋斌教授 2020 年以来所写的关于全球疫情和国际金融市场的几十篇文章。一开始，晋斌教授是应中国宏观经济论坛的邀请而写的。我是索稿人，自然就成了第一个读者，有时也会把自己的一些看法同晋斌教授分享。晋斌教授的文章在我们宏观经济论坛的公众号发表后，很快引起了广泛的关注，其他财经媒体和公众号竞相转载，也向他约稿，促进了他的勤奋写作，有时甚至是一天一篇。现在他将这些文章结集出版，有助于为读者全面呈现 2020 年国际金融市场在疫情冲击下的风云变幻，结合经济金融的基本理论，全面分析了各主要国家的应对政策以及金融市场的波动态势。这一系列文章的写作和结集出版，相当于晋斌教授开了一门生动的理论联系实际的课

---

* 毛振华，中国人民大学中国宏观经济论坛联席主席。

程，而我恰似这门课的忠实学生，每课必学。因此，我来写序，更恰当地说是写学习体会。

2020 年是改变世界格局的一年。突如其来的新型冠状病毒以前所未有的速度席卷全球，给各国人民带来深重的灾难和损失。在人类与病毒的斗争过程中，人们动用了所有相关的医疗和公共卫生资源来挽救生命，各国政府和央行也竭尽所能地动用了相关经济金融资源来挽救受到剧烈冲击的经济。各国几乎不约而同地采取了史上最大规模的量化宽松政策，巨量的货币在短期内投入市场，所产生的效应，除了提高市场信心之外，还带来了金融市场的短期剧烈波动，同时也伴随着专家学者对政策中长期影响的忧虑和争议。在巨量货币投放下，各主要经济体、各金融市场都不可避免地受到影响，一时间，股市、债市、金市、汇市和房市同样呈现出不规则的交叉共振。在这个不确定性加大的市场变化中，要做到透过现象看本质，对今后走势和长期趋势发表明确的看法，既需要理论功底，又需要实证能力，更重要的是需要学者的勇气。晋斌教授作了细致的分析，阐述原理时像涓涓细流娓娓道来，判断趋势时则方向明确毫不含糊，而利弊分析时更是抓住要害立场鲜明。我和广大读者一样，喜欢他的这些文章，更欣赏他的风格。

如果把视角拉得更长，我们可以发现一些更有趣的现象。2008年的全球金融危机，大体的成因，是过度的货币化和金融创新，解决之策似乎应该是抑制货币创造并令金融服务实体经济。为了应对恐慌向市场投放大量的货币以维持流动性，作为短期应急政策是必不可少的，但短暂的恐慌之后似乎应该归于常态。但 2008 年国际金融危机后各国的货币政策则完全不是这个思路。实际上，各国都将宽松的政策维持下来，并唯恐美国利用美元世界货币的优势收取"铸币税"，即网络所说的"薅羊毛"。在这个背景下，虽然持续的过量货币投放并未引发通货膨胀和金融崩溃，各国也先后走出了金融危机的阴影，但同时也导致了全球的债务率和资产价格的持续攀升。当然，从中国的角度来看，由于当时中国并未发生金融危机，加之采取了有力的宽松政策加以应对，2008 年国际金融危机实际上使中国获得了一次超常规的错峰发展的机会。2008 年之后，中国经济总量超越日本成为世界第二大经济体，并大大缩小了与美国的差距；2019 年 GDP 总量达到美国三分之二的水平，2020 年更是突破百万亿人民币，超过了美国经济总量的四分之三。2020 年，在疫情全球蔓延的背景下，有效的疫情防控措施使得中国又一次赢得了错峰发展的机会，货币政策也正率先向常态化回归。研究国际金融，特别是各国的货币政策效应，学者的任务还很重，"不要浪费每一场危机"，用在这里恰如其分。

我于 2006 年加入中国人民大学经济学院，无论是带学生还是搞研究，都得到了晋斌教授的支持和帮助，我们还在中国宏观经济论坛的工作中有很好的合作。借此机会，我向晋斌教授表示谢意，并祝他的研究取得更大的成就。

2021 年 1 月 22 日于北京

前　言

　　此书的写作具有很大的偶然性，此书是我关于 2020 年全球金融大动荡思考系列的第二本。中国人民大学副校长刘元春教授、时任经济学院院长杨瑞龙教授和中诚信董事长毛振华先生在 2006 年联合发起成立了中国宏观经济论坛（CMF），现任中诚信董事长的闫衍博士、时任东海证券研究所所长朱戎博士也直接参与了论坛的发起。我本人有幸在 2006 年加入 CMF，成为论坛的一员。2020 年年初，论坛的三位领导刘元春教授、杨瑞龙教授和毛振华教授决定做大做强 CMF 的微信公众号，在和论坛秘书长杜潇沟通后，她表示大力支持，我决定试一试，写一写微信公众号的文章。就这样的偶然，开始了我的写作之旅。

　　2020 年突如其来的新冠肺炎疫情肆虐全球，是人类的灾难，也给世界经济和国际金融市场带来了巨大的冲击。2020 年 3 月 9 日—3 月 19 日美国股市出现了 4 次熔断，国际金融市场剧烈动荡。在这样一个大动荡的背景下，我开始跟踪研究世界经济和国际金融市场上的热点问题，并尽力阐明自己的观点。这一本书收录了 2020 年 7 月 13 日—12 月 28 日我对全球疫情金融与疫情经济的思考，延续了第一本书《2020 全球金融大动荡的思考》所做的工作。

我给自己的写作定了两个标准。其一，希望自己给出明确的观点。不希望或者尽力减少出现一方面这样，另一方面那样的判断。我知道压力很大，但我觉得看论坛微信公众号的读者更希望我有明确的观点。其二，我希望非经济学专业人士也能看懂 2020 年全球金融大动荡的原因以及对世界经济、国际金融产生的影响。是否达到了自己设定的标准，要看读者的评价。幸运的是，不少重大判断至今来看，都是正确的，这也给了我继续写作的信心。

在本书出版之际，感谢论坛三位领导的指导和一贯的支持。毛振华教授更是一个经济学家，而不仅是一位成功的企业家，在向他请教的过程中受益良多。论坛的三位领导都是著名经济学家，在百忙之中，不嫌弃给拙作写序，我充满感激。

随着论坛影响力的日益扩大和推广的深入，越来越多的媒体转载了部分文章，在此表示感谢。

感谢中国人民大学国发院的马亮教授等同仁，没有他们的辛苦工作，本书不可能顺利交付出版。

中国社会科学出版社社长赵剑英先生、副总编辑王茵女士十分关注本书的编辑、出版工作，在此一并表示谢忱！

高频率的写作对我是个挑战。感谢朋友们的激励，没有朋友们的激励，我也很难坚持写到现在。未来将继续努力，跟踪研究疫情经济与疫情金融相互交织下的世界经济和国际金融市场热点问题，记录下自己对这一段令人难过，但又不得不面对的世界经济金融史上重要事件的看法。

2021 年 3 月 13 日
于中国人民大学

目　录

警惕股市价格过快上涨的风险

2020 年 7 月 13 日

  截至 7 月 13 日上午 11：30，年初至今中国股市股指涨幅已经是引领全球了。涨幅最小的上证指数也上涨了近 12.33%，创业板指数更是上涨了 59.07%（见图 1）。美国三大股指中涨幅最高的 NASDAQ 年初至今的涨幅为 18.33%，而 DJ 和标普 500 年初至今分别下跌了 8.63% 和 1.42%。整个欧洲股市年初至今的跌幅在 5%—20% 之间，跌幅最小的德国 DAX 指数年初至今下跌 4.64%，英国富时 100 则下跌了 19.19%。日经和韩国综合指数年初至今也分别下跌 5.77% 和 2.16%。放眼全球，中国股市迎来了年初至今笑傲世界股海的感觉。

  从基本的估值来看，经过 6 月下旬至今短短 2 周多时间的快速上涨，整个市场的估值中枢明显抬高。除了上证指数、深圳成指和沪深 300 以外，中小板指和创业板指的 P/E（TTM）均突破 40，分别达到了 40.8 倍和 78.8 倍（见图 2），考虑到 2019 年中小板和创业板的商誉减值、今年第一季度疫情大幅度的业绩冲击以及 P/E（TTM）的计算，这样的市盈率也是比较高了，尤其是创业板指数的 P/E（TTM）已经有脱离基础估值的倾向了。

  进一步从创业板财务数据的关键比率来看，依据 WIND 的数据，和过去两年相比，除了毛利率和净利率有所改善外，总资产报酬率和股东报酬率已经大幅度下降，尤其是总资产报酬率的急剧下降，意味

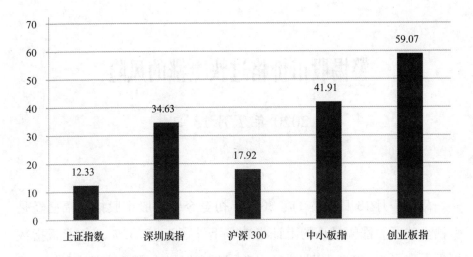

图1 年初至今中国股市几大股指的涨幅（%）

数据来源：WIND。

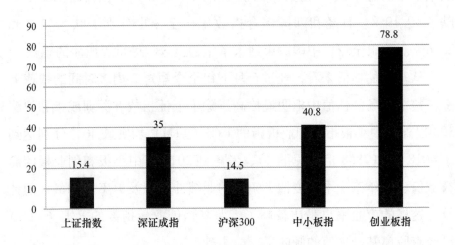

图2 中国股市几大股指的 P/E（TTM）

数据来源：WIND。

着企业增加杠杆只会带来股东报酬率（ROE）的进一步下降，因为 ROA 已经低于债务的税后收益率。2020 年第二季度 ROA 只有 1.19%，ROE 只有 2.22%（见图 3）。与 2018—2019 年相比，目前过低的 ROA 导致创业板上市公司信贷债务杠杆的增加会带来股东财富的减少（ROE 下降）。

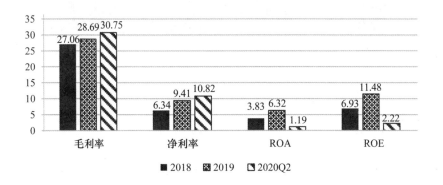

图 3 创业板指财务关键比率（%）

数据来源：WIND。

中小板指数财务关键比率呈现出类似的特征（见图 4）。依据 WIND 的数据，2020 年第二季度 ROA 只有 0.73%，ROE 也只有 2.44%，远低于 2018—2019 年度的水平，稍有可比性的是毛利率和净利率。但要注意的是，毛利率和净利率都要取决于分母销售数量的变化，即使是毛利率和净利率高，销售数量不足，就会导致 ROA 和 ROE 不高，当然，这中间也涉及折旧等环节。从投资者的角度来看，最关注的指标是股东报酬率（ROE），当 ROE 不高而股价比较高时，通过二级市场减持就成为大股东的理性选择了。

近期中国股市价格的快速上涨应该是多种因素综合作用的结果。最重要的原因有两点：第一，中国是全球疫情防控最成功的经济体之

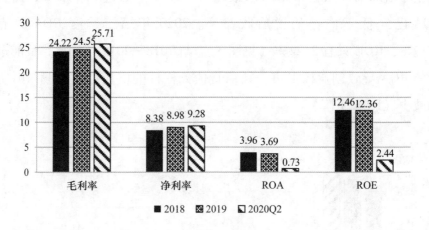

图 4 中小板指财务关键比率（%）

数据来源：WIND。

一，疫情的不确定性要小很多，资产自然受到了国际投资者的青睐。在近期较大幅度上涨之前，中国股市可以看作是全球大经济体中的投资"洼地"，整个市场的 P/E 都处于相对低的水平。在全球货币宽松的背景下，只要扩大开放，取消流入额度限制，国际资金连同国内资金填满价值"洼地"是预期行为。第二，中美经贸摩擦达成第一阶段协议后，中美经贸处于一个相对平稳期，为外部资金流入创造了相对稳定的双边经贸环境。目前双方都在履行第一阶段的经贸协议，尽管这期间美国商务部等出台了针对中国企业的摩擦手段，中国保持了高度清醒的战略判断力，进一步加速扩大市场的高质量开放，让市场本身去解决这类摩擦，中美经贸关系处于一个相对的平稳期，这在全球政治上为外部资金的流入创造了安全、良好的氛围。在这两个最重要的原因之下，我们可以看到一些具体的推动股市价格上涨的因素。

第一，由于美国等发达经济体货币政策极其宽松，资本流入成为推动资产价格上升的一个重要原因。从北上资金的流量就可以看出来，7月2日至7月8日北上资金净持有增加近540亿元，刷新了开通以来的连续增持纪录，这些资金大多属于交易型资金。连续的外部资金流入成为推动股市上涨的一个重要因素。截至7月10日收盘，外资持股占A股流通市值比例达到3.67%，市值近2万亿元（1.98万亿元），而4月底持有A股流通市值比例只有2.06%，市值0.975万亿元。这就是说，两个多月外资持有中国A股流通市值增加了1万多亿元。

第二，国内资金的流入更是推动股市上涨的重要因素。7月11日中国银保监会在答记者问时指出，部分资金违规进入股市房市，推高了资产价格。要严禁银行和保险机构违规参与场外配资，严查乱加杠杆和投机炒作行为，催生资产价格泡沫。杠杆资金催生的"牛市"都是"假牛市"，都极易带来股市价格快速下挫的风险。

第三，整个金融利率的下降在一定程度上提升了估值水平。央行从7月1日开始下调再贷款、再贴现利率，引导资金进入实体经济，降低实体经济负担，利率中枢下移也提高了资产价格的估值。

第四，受资产价格上涨的诱惑，整个市场开户数量大幅度增长。依据中证结算数据中心的数据，2020年5月新增开户数为121.41万户，相比去年5月的115.26万户同比增长约5%，根据6月份至今的交投活跃情况预计新开户数还会上升。依据WIND的数据，整个6月份每天交易量比5月份明显放大；7月份至今每日的交易量更大，从7月2日开始，全部A股每日交易量破1万亿元，7月9日更是达到了1.72万亿元。交易量的放量会吸引更多的投资者进入股市。

第五，受到NASDAQ科技股大幅度上涨的催动，投资者对科技股出现了偏爱的倾向，投资者对科技股赋予了未来成功概率大幅度上升的"幻觉"，导致逢科技股就比其他股票强的选择性偏差，尤其是对科技板龙头企业的偏爱，这是导致创业板股指有脱离当下企业盈利能力倾向的重要原因。

第六，一些国际、国内机构发布了一些乐观的判断，比如关于中国股市要涨到多少点的预测观点，预测下半年还有多少外部资金会流入中国股市等，这些良好的预期触动了投资者的情绪，毕竟中国股市好几年没有像样的涨幅了，这种深深的牛市怀恋情绪也会推动股指上涨。

第七，制度红利释放也提高了股票市场对未来预期的估值。2020年7月注册制开始实施；用制度来规范证券市场的发展，要求全面落实对资本市场违法犯罪行为"零容忍"的要求，保护中小投资者利益，保持证券市场健康发展，释放了市场改革的制度红利，也是催动股指上涨的原因之一。

第八，中国经济第二季度GDP将出现正增长，和今年第一季度相比，带有某种程度的非完整"V"形复苏的性质。工业、基建和建筑业的持续发力，第二季度第二产业将出现较大程度的修复，经济预期向好是推动股指走高的基础因素。

2020年上半年，中国经济中最大的变化之一就是金融市场助力实体经济复苏的步伐加快。直接融资在整个金融系统中的作用达到了前所未有的高度。上半年债市筹资3.33万亿元，股市筹资2461亿元，两者占银行新增人民币贷款的近30%，中国的金融体系在发展证券市场和银行中介相互竞争又相互补充的现代金融体系上上了一个台阶。从基本面来看，有众多利好有助于股指上涨，但股指过快的上涨只会带来市场短期投机行为盛行。因此，规范市场的资金来源，杜绝高杠杆催生的"牛市"是未来股票市场监管的重点，保证资金流入实体经济，用实体经济的复苏去支撑股票市场的上涨，才不至于出现资产价格泡沫的瞬间破灭带来的巨大负面冲击。

从市场投资者来说，谁都期盼股票市场出现牛市。但要看到当前股指的快速上涨是在经济复苏预期良好背景下流动性快速作用的结果。流动性既有内部流动性比较充裕的因素，也有外部金融不平衡带来的流动性增加的原因，导致股指的快速上涨与实体经济的复苏并不能很好地匹配。"快牛"的股票市场不是理想的市场，因为它违背市场有效性的定价原理；"慢牛"的股票市场是合意的市场，因为它有机会能够较好地匹配经济健康向上成长的基本面。

美联储最新货币政策解读：也无风雨也无晴

2020 年 7 月 30 日

近期美联储发布了 Federal Reserve issues FOMC statement（July 29，2020），开篇说道：美联储致力于在这个充满挑战的时期，运用其全方位的工具来支持美国经济，从而促进实现最大限度的就业和物价稳定目标。政策声明给出了几个判断：（1）在急剧下降之后，经济活动和就业在最近几个月有所回升，但仍远低于年初的水平。需求疲软和油价大幅走低抑制了消费价格通胀。（2）近几个月来整体金融状况有所改善，这在一定程度上反映了支持经济和信贷流向美国家庭和企业的政策措施有效。（3）目前的公共卫生危机将在短期内严重影响经济活动、就业和通货膨胀，并对中期经济前景构成相当大的风险。委员会同时公布了几个重要的决定：（1）委员会决定将联邦基金利率的目标区间维持在 0—0.25%；（2）为了支持信贷流向家庭和企业，美联储将在未来几个月内至少以目前的速度增持美国国债以及机构住宅和商业抵押贷款支持证券，以维持市场平稳运行，促进货币政策向更广泛的金融环境的有效传导；（3）公开市场交易业务将继续提供大规模隔夜和定期回购协议操作，委员会将密切监测市场状态，并准备酌情调整其计划。美联储同时在另一份声明中表示将把央行之间的美元互换协议额度以及与国外相关央行的临时回购协议安排延长至 2021

年3月。

美联储最近的货币政策声明，没有提及任何负利率、利率收益曲线管制等进一步宽松的办法。而且，从美联储资产负债表的扩张速度来看，环比增速基本常态化了。截至7月23日公布的最近一期资产负债表，美联储总资产大约6.96万亿美元，而且从5月底开始到目前为止，美联储的资产负债表不再是单向扩张，而是双向波动（见图1）。最近的一周仅仅增加了61.51亿美元，在接近7万亿美元的资产负债表中，几乎可以忽略不计。

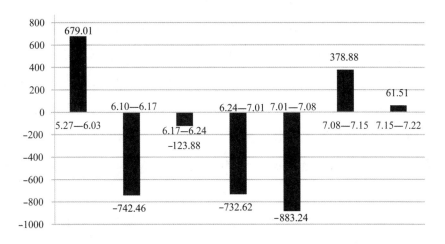

图1　美联储总资产的阶段性扩张数量（新增加部分，亿美元）

数据来源：美联储，H. 4. 1. Factors Affecting Reserve Balances。

因此，美联储资产负债表的快速扩张期在两个月前就基本结束了，但基本维持在7万亿美元左右的历史高位。从近期的货币政策声明和美联储资产负债表来看，对市场来说，美联储的货币政策基本是"也无风雨也无晴"的状态。

由于担心通缩比担心通胀还要严重，美联储的资产总量维持在高位，未来一段时间货币政策不会收缩。同时，结构性调整的货币政策一直在发生，这一点从资产负债表的类别变化可以得到体现。其中最重要的是信贷计划并没完成指标，因此，美联储在本周二将本应在 9 月 30 日到期的计划延期到 12 月底。同时，美联储呼吁财政政策来救助货币政策无法或者难以达到的社会群体，因为信贷只能发放给那些满足信贷条件的个体、企业或者机构。对于不满足信贷条件的要靠财政政策救助，美国目前正在计划新一轮的财政刺激方案。

同时，在全球流动性改善的背景下，美联储延长了货币互换计划的实施时间。依据美联储纽约分行 Central Bank Liquidity Swap Operations 的数据，截至 7 月 23 日，货币互换头寸只有 1182.35 亿美元，比 5 月上旬到 6 月 10 日期间约 4500 亿美元的高值比起来，已经大幅度下降。在美元指数近期走弱的背景下，新兴经济体第二季度出现了资本流入，全球外汇市场处于相对平稳的时期，这时候延长互换协议无非是想说明，美联储依然充当全球最后贷款人角色，要维护美元国际货币体系霸权地位。

美联储也表态，誓与疫情斗争到底，动用一切可以动用的工具来帮助美国经济复苏，美联储对当前美国金融市场资产价格是比较满意的。总结一下近期的货币政策：先灌总量，保持总量高位，维持充足的市场流动性，稳定市场预期；再调结构，加大货币政策达到实体经济层面的效果；同时呼唤财政救助、激活无法通过货币政策救助的群体；对外延长互换，提供全球流动性，维护美元霸权。

整个国际金融市场近期看起来处于一个相对平静的间歇期，美国的疫情防控进入了拉锯期，经过 3 月中下旬全球金融市场大动荡洗礼后的市场投资者心理素质似乎好了很多。这一切形成了这段时间"也无风雨也无晴"的金融市场景象和美联储货币政策的基调。未来的市场动荡并不会停止，全球金融市场的走向和波动将取决于两个基本方面：宏观政策与疫情的对冲博弈以及中美关系的走向。

贵吗？金融市场上的资产价格

2020 年 8 月 6 日

　　截至北京时间 8 月 5 日，美国三大股票市场的上市公司家数合计 4912 家，与 2019 年 12 月 31 日的 4828 家相比，仅增加了 84 家。其中 NASDAQ 增加了 69 家，NYSE 增加了 15 家。三大市场市值总和创历史新高，达到 47.4 万亿美元，比 2019 年年底的 47.16 万亿美元还要多 0.24 万亿美元。美国三大股市市值回到并略超 2019 年年底的历史阶段性峰值。

　　从三大股指的指数来看，年初至今 DJ、标普 500 指数与年初相比涨跌幅不大，而 NASDAQ 则上涨了 22.58%（见图 1）。以收盘价计，从 6 月 30 日 NASDAQ 指数突破 1 万点以来，继续震荡上行，截至 8 月 5 日收盘达到 10998.4 点。在美国新冠肺炎疫情如此严重的情况下，股市价格的修复出现了超预期的结果。

　　从美国三大股指的市盈率（TTM）来看，图 2 显示了截至 2020 年 8 月 5 日的标普 500、DJ 和 NASDAQ 的市盈率分别比 2015 年至 2019 年 5 年的年均市盈率高出 43.5%、31.8% 和 80.1%。疫情经济与疫情金融的大脱离在持续上演。

　　从市净率来看，目前除了标普 500 的市净率在 4 倍以下外，DJ 和 NASDAQ 的市净率都在 5 倍以上，其中 NASDAQ 接近 6 倍（见图 3）。

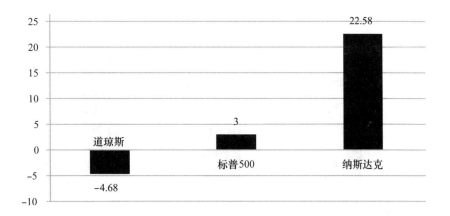

图1 美国三大股指年初至今的涨跌幅（%）

数据来源：WIND。

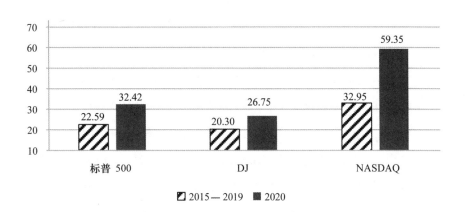

图2 美国三大股指的市盈率（TTM）

数据来源：WIND。

股票资产价格已经不算便宜了。

从股息率来看，截至8月5日，标普500、DJ和NASDAQ的股息

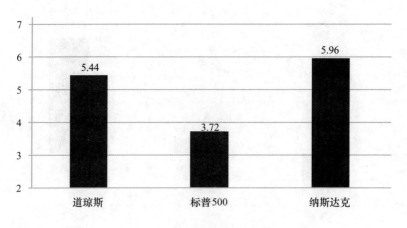

图 3 美国三大股指的市净率

数据来源：WIND。

率分别是 2015—2019 年 5 年均值的 88.3%、81.5% 和 73.6%（见图 4）。这样的收益率不算差，和全球经济增速与美国经济增速比起来，这样的股息率市场投资者应该感到比较满意。

资产价格的估值都是相对而言的。典型的美元指数就是如此，美元指数目前在 92—93 的水平，从 3 月 19 日高点的 102.69 下降到 8 月 5 日的 92.84，下降幅度达到 10.6%。美元指数是从 3 月 18 日上 100，5 月 18 日跌破 100 的，市场大约经历了 2 至 3 个月的流动性恐慌。在流动性恐慌缓解后，美元指数的下跌表明全球流动性问题暂时得到了比较好的缓解。这期间美联储和各个央行也做了货币互换，美联储也给相关央行做了大规模的贷款，充当了全球最后贷款人的角色，降低了整个市场投资者的风险厌恶程度。

美元指数的下跌对全球金融市场是好消息。所以近期其他市场基本出现了普涨的局面。除了英国、法国和意大利股市年初至今仍然有 15% 以上的跌幅外，大多股市都出现了较好的修复性上涨。比如日经

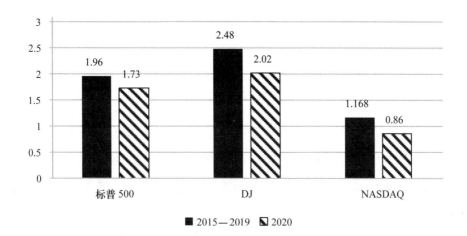

图4 美国三大股指的股息率（%）

数据来源：WIND。

指数年初至今下跌幅度收窄至 5% 左右，韩国综合指数年初至今上涨了 6% 左右，上证指数年初至今上涨了 9.5% 左右。

美元指数走软是黄金价格走强的重要原因，另一个可能的原因是避险情绪依然存在，尽管美元指数走弱也表示了市场投资者风险偏好上升。目前 VIX 指数回到了 2 月中下旬的水平，大约在 23 左右，年初至今仍然上涨了 66.8%。黄金价格（COMEX）从 3 月中旬的阶段性低点 1450 美元/盎司上涨到目前的 2050 美元/盎司左右的水平，涨幅超过 40%。大宗商品价格也得到了相当好的修复。目前 ICE WTI 原油价格大约 43 美元/桶，这一价格水平基本恢复到 3 月 6 日原油价格战时期左右的水平；目前 ICE 原油价格约 45 美元/桶，基本也是 3 月 6 日左右的水平。

因此，从全球大类资产价格来看，似乎 2020 年的金融大动荡什么也没有发生一样。股票价格得到了极大的修复，不少股指创年内新高；美元指数重回 2018 年 5 月份左右的水平；原油价格基本回复到 3

月初油价战开始时的水平（年初至今仍然下跌了 20%—30%）；黄金价格（COMEX）年初至今上涨了 35%。

资产价格修复的背后靠的是天量的货币投放。美联储资产负债表增加了大约 3 万亿美元，美国四轮财政刺激花费了近 3 万亿美元，还在酝酿第五轮大规模的财政刺激方案。天量的货币压低了利率水平，是推高资产价格估值的核心因素。依据美国财政部网站公布的数据，8 月 5 日美国 1 年期和 10 年期国债的收益率分别为 0.12% 和 0.55%，如此低的收益率水平说明通胀预期尚难以构成影响资产价格的重要因素。换言之，对比市盈率水平和市净率水平，当前的资产价格过快的修复是靠货币助推出来的。

当前的美国金融市场资产价格贵吗？从美国的股息率来看，要好于无风险资产收益率，而且和历史相比并不算差。如果考虑到 2015—2019 年美联储的基准利率水平和股息率水平的对照，当前的情况也许还要好一些。从另外一个视角看，市场上钱多了，大家买什么呢？观察市场上出现了三种个性鲜明的投资方式：一是疫情不确定性以及国际地缘政治关系的不确定导致有避险情绪的投资者买黄金，加上流动性充足带来的弱美元，推高了黄金价格。二是在利率如此低的背景下，降低了部分投资者的风险厌恶，投资者倾向于选择未来可能带来重大变化的资产，这就会大幅度推高科技类股票的估值。三是市场在不确定性当中会出现可能解决不确定性的各种热点，当然也包括宏观政策催生的热点，它们成为投资者追捧的对象，热点轮动并出现了股价新高。

现在的国际金融市场就变成了这个样子：你觉得资产都贵了，你就休息；你不觉得贵，也没啥好买的，那就买股票，反正市场上的钱多。

世界经济失衡的故事

2020 年 8 月 13 日

次贷危机以来，世界经济失衡作为全球宏观经济学讨论的热点话题一直就没有停过，产生了大量的研究成果，多种理论和实证都运用于全球经济的不平衡及其检验。我们在此则想通过一个简单的故事描述，来看一下世界经济失衡是怎么产生的。

世界经济主要是三个经济区：北美、欧洲和东亚、南亚区域（但主要是中日韩），这三个区域的 GDP 占到全球的 70% 以上。再加上资源出口型的中东地区和不发达（贫困）经济体，基本构成了大致的世界经济。

一 在生产领域这三大经济区之间是怎么循环的?

北美主要是美国，美国自己也生产，但生产的东西一来不够消费，二来嫌自己生产的东西贵（主要是一般制造业），就有了 20 世纪 80 年代以后的产业"外包"。所以美国对欧洲、东亚和南亚（主要是中国、日本）都是贸易逆差。在 2019 年能源自给之前，还得花钱去买油，原油净进口导致每年 2 千亿美元甚至更多的贸易逆差；目前美国已经成为全球最大的能源生产国之一，能源贸易逆差基本消失。北美内部，美国一般性制造业在 1994 年形成北美自贸区之后，墨西哥也就成为美国的制造工厂之一，美国对墨西哥也是贸易逆差；美国也从加拿大净进口一些产品，也是逆差，但规模不算太大。

欧洲在二战后逐步形成了全球重要的工业制造业生产中心。欧洲国家很多，典型代表是德国、英国、法国、意大利、荷兰等。这些国家的制造业，尤其是分行业的顶尖制造业是很强的，比如发动机、汽车、半导体、生物医药等。但欧洲的成本比美国要低，因此，美国也从欧洲买东西，对欧洲也是贸易逆差。欧洲国家多，国家之间差异也不小，尤其是 2000 年欧元诞生后，差不多是一个自循环经济体，相比区域内贸易，欧洲对外贸易的比例并不高。

亚洲除了日本、韩国、新加坡等有些特殊以外，在 20 世纪 90 年代中后期以来，基本是低成本区，这是由发展中国家的属性决定的。美欧喜欢上了"外包"带来的便宜商品，中国以及该区域的其他经济体就成为"外包"产业的主要承接地，经过近 30 年的发展逐步成为世界上重要的制造业生产中心或者全球生产平台。因此，美国对中国、日本等是贸易逆差，欧洲对中国等也是贸易逆差。

从生产环节就可以看出来，美国处于全球分工链的消费端：买买买。欧洲其次，从外部买买买的程度比美国要低不少。亚洲有分化，日本等属于发达经济体，掌握了某些行业高技术制造业的核心技术（汽车、半导体材料、光学制造业等），也具备从外部买的能力，但更多的是向外卖，否则不会累积那么多外汇储备。中国现在已经成为全球制造业行业类别最齐全的国家，一方面得益于工业化战略和技术进步；另一方面也得益于中国经济的纵深性，区域成本差异足够大，能够满足不同制造业的成本要求；还得益于经济的全球化带来的外部市场需求刺激。自己生产很多，自己消费不完，成为典型的、成功的大型出口导向型经济体，也因此累积了大量的外汇储备。

二　金融领域的钱是怎么循环的?

作为全世界买买买的美国，拥有主导国际货币的霸权。从一战开始，欧洲国家打仗需要钱，1914—1915 年开始，像英国就被迫放弃金本位，自己废弃英镑和黄金兑换的限制，开始印钞。全球基本只有美国实施金本位，美元盯黄金，其他货币盯美元，开始形成事实上的美元本位制。中间反复纠缠，到二战结束后的 1945 年布雷顿森林体系，美国得到了美元主宰全球货币体系的正式名分，美元和黄金固定兑换，其他的货币挂钩美元，直到 1973 年美国关闭 "黄金兑换窗口"，演变为全球信用美元，至今已经将近 80 年。如果从 1914—1915 年算起，全球美元货币霸权已经超过 100 年。货币霸权的最大特征就是全球货币的 "铸币税"。

美国生产企业搬出了，消费要从外边买，需要钱，需要大量的钱。美国的钱从哪里来呢? 首先是卖东西给人家，卖竞争力强的产品（比如农产品、能源产品、高端制造品、金融服务业产品、知识专利等）。同时美国全世界打仗，全世界卖军火赚钱; 其次是卖东西的钱不够花，怎么办? 其他卖东西给美国的经济体积累了大量的贸易顺差带来的美元也没有太好的地方去，相当大的部分就流回美国的金融市场或者去美国买一些非金融类资产，美国企业依靠美国发达的金融市场筹资再以 FDI 等形式流回这些国家，靠外部投资赚钱。这种投资形式既有长期的（如 FDI），也有短期的（比如证券投资等），反正都是要通过跨境投资来赚钱，这也是美元体系循环的"特权"，也称作布雷顿森林体系Ⅱ。再次，如果钱还不够花，怎么办？通过各种罚款来收钱。美国国内的各种法律（比如"双反"类法律）以及"长臂"管辖法律霸权，对跨国公司罚款敛财。最后，就是美联储印钞票了。这是美国来钱最快的办法。尤其是次贷危机以来，美联储的资产负债表从危机前的 0.5 万亿美元一路飙升到现在的近 7 万亿美元。

欧元区基本也是和美国类似，除了打仗以外。欧元享有低于美国的"铸币税"特权。欧元作为全球第二大国际货币，欧洲央行的资产负债表也从 2008 年的大约 2 万亿欧元上升到 2020 年年中的接近 6.4 万亿欧元。所以全世界的 FDI 和短期资本流动基本都是美元和欧元，尤其是美元，在全球外汇储备中占据了 60% 以上的份额。美国和欧洲央行印出的钱基本就是这么循环着：全球买东西，其他国家攒起来的美元、欧元再回去，然后再以投资的形式流回生产方，循环往复。

再回到生产领域，FDI 的形式就是跨国公司形成全球生产网络的资金运转形式。经济的全球化，使得跨国公司能够在全球找到成本最便宜的地方来生产，甚至一个产品的各个环节都分散在不同的国家或者区域，全球信息技术的快速进步使得产品的研发、生产、管理和风控等打破了地域限制，而运输成本的下降也使得跨国公司生产产品的全球低成本套利策略得以有条件来实施和完成。发达经济体也享受这种低成本产品带来的福利改善，其国内的零售业从全球采购，也获取了巨大的商机和利益。这就是我们看到的，次贷危机后，发达经济体不断印钞，但通胀始终不来的重要原因之一。美国过去十年的平衡通胀率只有 1.5%，欧洲也是低通胀。这一轮新全球化本质上是跨国公司主导下的全球化。跨国公司在全球低成本的套利布局，带来了被布局经济体出口生产能力的大幅度提升，并累积了大量的贸易顺差。跨国公司获取了利润，尤其是美欧等大型的全球跨国公司和为这些公司提供融资安排的金融业赚取了全球低成本红利，但其普通社会阶层并没有享受到这种全球的低成本红利，工资的长期停滞和福利状况改善缓慢甚至恶化导致了西方民粹主义运动和贸易保护主义盛行。

至于说资源出口国和贫穷的经济体，前者基本靠"周期"吃饭，全球需求旺，资源价格涨，钱就多，就成立国家主权财富基金来全球投资；资源价格低，就存在资源"诅咒"现象。后者主要靠通过交换经济附加值低的产品在全球化中偶尔跑跑"龙套"。

可见，发达经济体生产—消费的不平衡，通过跨国公司的形式累积了全球的外部不平衡，与一国储蓄—投资关系不大，尽管1980年的时候出现了开放条件下的"FH之谜"的研究（开放条件下储蓄和投资的相关性也很高）。比如中国出口中有一半是与外资有关的企业来完成的，不是什么"过度储蓄"理论那样的依据开放条件下会计恒等式直接推出的储蓄—投资关系表达的外部贸易顺差。在金融高度全球化下，再简单地依据开放条件下的会计恒等式来看待这种全球生产—消费的失衡，是带有某种程度的"刻舟求剑"式的思考方式，也是带有某种"缘木求鱼"式的思考方式。

再回到金融领域，经济的全球化也带来了金融的全球化。全球主要货币的央行资产负债表的膨胀，在金融创新的驱使下，带来了全球金融资产数量的快速膨胀，其速度和规模远大于全球贸易的增速和规模，而且资金的全球套利流动速度是实体生产成本套利的速度无法相比的。跨境资本的大规模流动一方面成为获取金融投资收益的手段，另一方面也是导致全球金融动荡的根源。换言之，由于金融资金跨境流动套利的规模已经远超过经常账户赤字融资安排需要的规模，金融的失衡已经脱离了实体经济的失衡，不再是按照布雷顿森林体系设想的那样：贸易主导资金流动，金融账户为经常账户融资的世界经济运转体系。

因此，20 世纪 90 年代全球化以来，全球失衡的故事可以简单归纳为两点：第一，跨国公司全球低成本生产套利导致了或者助推了全球生产领域的不平衡；第二，全球"过度金融"在金融全球化和金融创新的驱动下，资本跨境的套利带来了全球金融失衡。两个失衡都是在美国主导的二战后国际经济秩序框架内世界经济运转所致。

世间万物失衡皆因一个"贪"字。资本的贪婪在马克思的《资本论》中得到了最深刻的分析。美国等发达经济体喜欢低成本的产品，就要别人开放产品市场，其跨国公司就全球布局生产，实现生产成本套利；美国等国大量的金融资本需要收益就全球跑着投资，要求其他国家开放金融市场，实现金融套利。世界经济的全球化本身并没有错，因为资源的全球配置肯定是有助于部分技术的扩散、劳动生产率的提高和资金使用效率的提高，也有利于发展中经济体的经济增长。问题在于由于资本的贪婪，全球化并不能惠及所有的人。发达经济体，尤其是美国的跨国公司和金融资本并没有将全球化的"套利红利"较好地进行分享，出现了有增长但无分享的全球化，这才导致了近些年来西方民粹主义运动和贸易保护主义的兴起，由此发生了发达经济体主动逆全球化的故事。

世界经济失衡的故事远没有结束。因为一些国家在没有找到或者不愿意找到或者找到了却没有勇气去正视这种失衡的根源，而采取了带有捞取政治资本目的的错误方法，比如加剧关税摩擦来校正贸易不平衡，其效果甚微。全球化至今带来的"碎片化"生产方式，导致关税摩擦对谁都是伤害。我从你那里进口中间品，生产最终品出口给你，你对最终品征税，我对进口的中间品征税，征来征去就大幅度提高了价格，就导致这个行业在全球的萎缩。而技术的封锁和强行打压，是会造成被封锁和打压方的痛苦，同时卖方也会遭受重大的市场损失，也会迫使买方艰苦创新，奋发图强，去自主研发相关核心技术。关税和技术封锁或者打压会带来逆全球化，但只要美国依靠货币霸权，资本还是全球布局，没有全球合作性的制度去约束资本的"贪婪"，没有相对公平的分配制度，全球失衡问题及其摩擦不会得到根本性的解决。

最后回到那个基础的国际收支等式：CA（商品和服务净出口）+KA（金融净借入）+Δ［RA（外汇储备）+E（误差遗漏）］≡0。全球生产中心将决定 CA，跨国资本套利（生产套利和投资套利）将决定 KA，两者的平衡通过外汇储备增减表现出来，还不平衡就加一个误差遗漏项来平衡。全球生产中心与跨国资本套利中的生产套利紧密关联（载体是 FDI）。因此，除非跨国公司放弃全球生产成本的套利行为，经常账户的外部不平衡才能得到较好的缓解。除非发达经济体自己约束自己的金融膨胀，金融资本放弃过于"贪婪"的套利投资倾向，全球金融才不会出现大的金融失衡。在经济和金融全球化发展到今天这个地步，不要全球"套利"是很难想象的。

资本是不会放弃套利的，不在这里套利，就在那里套利，只不过是套多套少的问题，但还是希望套到最多、套到极限。全球失衡的故事也不会因为 2020 年的各种摩擦升级而停止，反而会增加一些新的失衡故事。

理解全球失衡的故事是我们理解开放条件下宏观经济政策的基

础，也是我们理解和制定疫情期间和疫情后开放宏观经济政策的基础。任何开放的经济体都在"套利"和"被套利"的全球化中运转，"套利"是主动出击，过度了再强也会承受巨大风险；"被套利"在政策应对恰当的条件下同样有大收益，因为会带来新的增长要素。新兴经济体在这一轮逆全球化的周期中把握好这种平衡也许是最佳的政策组合。

美国主动和中国金融"脱钩"? 我看不像

2020 年 8 月 17 日

特朗普近期对字节跳动（TikTok）的粗暴行为、美国加强对中概股的审查行为以及个别公司从美国股市退市的消息，助推了市场上关于美国主动要和中国金融"脱钩"的讨论。之所以出现这样的结果，原因是在美方主动升级技术等摩擦的背景下，很容易使人延伸想到金融"脱钩"。金融"脱钩"要远比技术"脱钩"复杂，涉及到证券市场、资金的跨境借贷与支付和货币体系的使用等问题。

如果从美元国际货币体系的运转、金融资本和实体资本（技术）的成本与边界以及中美金融市场今年以来的融合趋势来看，美方还是想要中国维持现有的国际货币体系，并在中国金融市场上有更好的商业机会。排除非理性的极端情形，"脱钩"会带来"双输"，"合作"会有"双赢"。

第一，美元金融资本的全球运转是维持美元国际货币体系的基础，美元不参与中国经济和金融市场，就意味着美国自己主动在削弱美元货币体系。

自从特朗普把中国定义为"战略竞争对手"之后，中美经济进入了激烈的、长期的竞争周期。从经济角度来说，中国经济总量全球第二，出口占据了全球出口 12% 左右的份额。从资本市场总量来看，中国也拥有全球第二大资本市场（股票市场 + 债券市场）。但全球还是美元主导的国际货币体系，依据 BIS（2020）的研究①，美国经济、贸易在全球的占比和美元在国际货币体系中的占比存在显著的不对称性。

全球贸易结算中大约 50% 是美元结算的，中国经济是全球贸易的重要参与者和推动者，相当大的部分依然采用美元结算。美元占据了全球官方储备的约 60%、全球外汇交易的约 85%。中国大量的外汇储备也是以美元形式存在的。因此，中国不参与美元交易，大部分选择欧元交易或其他货币交易，这对美元体系本身就是较大的冲击；美国也不会主动冒中美金融"脱钩"带来美元体系较大幅度削弱的风险。

美国把中兴、华为等企业列为"实体名单"，进行制裁，对字节跳动（TikTok）等企业的无理粗暴举动，对"中概股"的监管等霸权行为，并不是要中美金融"脱钩"，而是要定向打压对美国企业和技术构成挑战的中资企业，不让中资企业参与所谓的涉及美国"国家安全"的领域运营，通过不正当手段来维持美国企业的国际竞争力。

另一个原因可能是资本市场领域的"不对等"，特朗普觉得中国占了便宜。目前"中概股"大约有 230 家，市值大约 1.5 万亿美元；而中国资本市场并没有一个"美概股"。这与资本市场的开放程度以及资本市场发达程度有关。美国作为全球金融中心，美元作为主导性

---

① BIS, 2020 (June), US dollar funding: an international perspective Report prepared by a Working Group chaired by Sally Davies (Board of Governors of the Federal Reserve System) and Christopher Kent (Reserve Bank of Australia) CGFS Papers, No. 65.

的国际货币,美国证券市场本来就是一个开放的资本市场融资平台,才能够维持其证券市场国际中心的地位和活力。

第二,金融资本的全球化难以出现大的逆转。金融资产的全球配置是金融资本的套利属性决定的,金融资本的流动边界是模糊的。

次贷危机以来,美联储资产负债表实施了惊人的扩张:从0.45万亿美元扩张到目前的约7万亿美元。依据世界银行的数据,发达经济体经济证券化比例达到了120%,远高于发展中经济体的60%—70%。主要经济体央行资产负债表的扩张,在金融创新的背景下带来金融资产急剧膨胀,金融资本的全球化呈现出难以逆转的态势:这是金融资本全球套利的属性决定的。

金融资本是全球化的,国际金融资本边界具有模糊性。就像我们看到的,美国对中概股进行打压,还会有中国企业去美国上市;美国对中概股进行打压,企业可以去香港上市。全球化意味着很多企业都是在利用国际资本市场来获得更好的发展。

历史上的欧洲美元市场就是一个很好的例子。美苏关系的恶化,导致了苏联把美元存放在欧洲,促成了欧洲离岸美元市场的发展,投资者可以在欧洲离岸市场借贷美元。金融全球化走到今天,国际资本市场的力量主导着国际金融市场的发展,企业在融资市场上有一定的选择权,但成本确实存在一定的差异,这种差异性也是由金融资本套利的成本来决定的。

第三,技术是有边界的,技术扩张边界与货币资本扩张边界的成本差异巨大,巨大的成本决定了技术具有"自私性"。

技术进步决定经济增长边界扩张的幅度和增长边界的偏度。技术需要研发,其成本巨大。我们可以看到世界上发达经济体研发费用占GDP的比例都在2%—3%左右的水平,对于高科技企业来说,研发费用的占比甚至会占到营收的 20% 。因此，技术昂贵，成本决定了技术有明确的边界，专利保护就是给技术划清边界。货币资本成本太低，尤其是国际货币的金融资本成本就是印钞费等，其成本接近于 0。但有个条件，就是信用会约束货币的边界。

由于货币资本成本低，主要货币之间往往具有一定的替代性。比如中国对外贸易不用美元结算，那用什么货币结算？答案很直接：欧元或者本币，当然也可能会出现其他的货币结算。美元结算中的大部分可能都会变成欧元结算，这对美元来说，可是个坏消息。

在信用不被破坏的条件下，一个成本为 0 的东西，你去用还得付出筹资成本，尽管全球处于低利率时期，未来较长时间也将是低利率，但也是有成本的。在这个角度上，美国不会限制别人用美元，美国巴不得越来越多的人用美元，美元应该不会主动和大经济体脱钩，只是在特定的情况下，会出现定向的美元金融"制裁"。

第四，中美金融融合进入新阶段，是中国资本市场的高质量开放与美国金融资本的逐利行为共同决定的。

金融的全球化使得金融投资产品在全球被分散持有。美国投资者持有大量的国外金融产品。依据美国财政部最新的统计数据，2017年美国投资者持有国外证券数额高达 12.4 万亿美元，其中股票价值突破 9 万亿美元（见图 1）。

美国投资者也持有大量的中国资本市场的证券，2018 年大约2600 亿美元，占美国投资者持有国外证券数量的 2.3%；不包括中国香港和中国澳门的证券数量也达到了 1590 亿美元。中国投资者也持有美国大量的证券，仅国债就超过 1 万亿美元。

今年以来，美国金融资本布局中国金融的进程明显加快。3

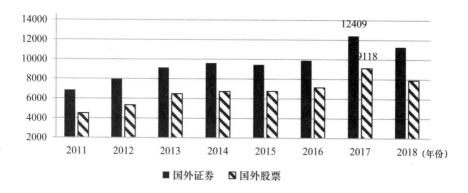

图1 美国投资者持有国外证券的市场价值（十亿美元）

数据来源：美国财政部，U. S. Claims on Foreigners from Holdings of Foreign Securities，31/10/2019。

月份高盛将其在合资证券公司高盛高华证券有限公司33%的少数股权增至51%的多数股权；摩根士丹利将其在合资证券公司摩根士丹利华鑫证券有限公司的持股比例从49%增至51%；6月份摩根大通获批准成立外商独资经营摩根大通期货公司；6月份美国运通获批成为第一家与中国金融科技公司合资的企业，第一家在华开展境内业务的外国信用卡公司，允许开展网络清算业务；等等。从资金流动来看，今年以来流入中国证券市场的国外资金创历史新高，其中很可能有来自美国投资者的资金。美国金融机构对中国金融市场进入速度的加快，这看不出美方主动"脱钩"中国金融的迹象。

美国主动和中国金融"脱钩"？我看不像。原因很直接：一个生产成本几乎为零、收益却巨大的东西当然是越多的人用越好，用的人越多，垄断铸币税越高，定价权越高，这就是国际货币体系的本质属性。货币的边界只会受到货币信用的决定，与生产成本无关。技术是需要生产出来的，高昂的生产成本决定了其有明确的扩张边界，藏着掖着也很正常，因为别人会用的越少，彼此技术差距越大，垄断利润才会越高。在这个意义上，美国不愿意看到中国少用美元，而转用本币和其他的货币参与国际交易。不被"脱钩"论带偏，多理性真诚地对话与合作会产生"双赢"的结果。

中国证券市场应该迎来了大的发展机遇

2020 年 8 月 20 日

中国证券市场应该迎来了大的发展机遇，这是由中国国内经济金融发展战略决定的，也是外部环境变化助推的。中国证券市场从 20 世纪 90 年代初期至今已经有近 30 年的发展史，改革开放使 "MADE IN CHINA" 成为中国实体经济在世界的靓丽名片，但 "FINANCE INVEST IN CHINA" 并不被世界所那么熟知。至今，外资持有中国证券的占比尚处于比较低的位置，与中国经济深度融入全球产业链相比，差距不小，中国经济和金融呈现出不平衡的全球化特征。随着今年中国金融进一步加快高质量的开放，这种开放的不平衡状态有望得到改善，中国证券市场应该迎来了大的发展机遇，有望逐步成为国际财富管理的重要中心之一。

一　发展证券市场是迎接世界进入 新一轮全球资产化时代的需要

2008—2009 年的次贷危机以及 2020 年的新冠肺炎疫情冲击，全球主要央行资产负债表的扩张速度是惊人的（见图 1）。相比 2008 年年底，2020 年年中，美、英、德扩张在 2 倍以上，日本 4 倍多，加拿大 5 倍多。

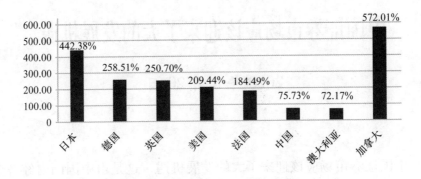

图 1 主要央行资产负债表的扩张速度（2020 年年中对比 2008 年年底，%）

数据来源：各央行网站。

如此膨胀的资产负债，央行能回收吗？从次贷危机以来的经验看，央行扩表容易缩表难。美联储在 2014—2015 年曾经开始缩表，但最终规模也只有 5 千亿美元左右，相比次贷危机之前 0.5 万亿美元扩到 4.5 万亿美元来说，缩表的规模远远小于扩表的规模。

如果缩表难，在经济增速远低于货币扩张速度的背景下，大类资产中黄金、大宗商品吸纳资金的数量毕竟有限。更何况在给定黄金供给数量有限的条件下，其价格的上涨不可能吸纳太多的货币；大宗商品最终要由经济总需求决定，其吸纳货币的数量也是有限的。那么剩下的情况是：没有新资产吸纳货币，高通胀终究会来临。要减缓未来通胀的压力，一个基础性的办法就是提供新资产来吸纳货币，就是全球资产化。全世界最能够资产化的财富无非两类：房地产和金融证券。前者长期看要取决于人口的增长和住房条件的改善，目前不管是政策制定者还是普通百姓，对房价的上涨都不偏爱。在这个逻辑下，证券市场的资产化将成为吸纳新增货币的重要蓄水池。

从全球范围来看，发达经济体经济证券化的比例达到120%，发展中国家一般在60%—70%。可以预计，发达经济体经济证券化的比例还会进一步上升。发展中经济体证券化的比例仍有较大的提升空间，中国股票市场目前市值处于GDP的60%—70%区间，这一比例上升的空间值得想象。

二 发展证券市场是发挥"双循环"战略中市场配置资源作用的需要

"双循环"战略强调了市场在资源配置中要起决定性作用，只有大市场才能形成高效的循环。要素市场的循环是降低成本套利，提高产品市场循环质量的关键因素之一。资金是重要的基础增长要素，"双循环"战略既包括了国内资金市场的循环，也包括国内、国际资金的循环。国际资金的循环既包括为实体经济交易提供的跨境信贷安排的循环，也包括跨境证券投资的循环。

因此，"双循环"战略本身就包括了大力发展资本市场的内涵。"金融活、实体活"，高效配置资金是促进增长的重要手段。中国一直是银行主导型的金融体系，银行信贷过去长期占据社会融资总量的70%，甚至超过70%。过多依靠银行信贷来为社会融资，并不能有效分享经济金融信息，最终会带来资源配置效率的不足，带来银行不良资产的上涨，这是由银行主导性金融体系的性质决定的。证券市场强调信息分享，能够克服银行主导型金融体系这方面的不足。因此，发挥好证券市场的作用，是发挥好不同金融体系金融功能的关键因素。

强调证券市场信息分享、鼓励创新的功能是提高资金使用效率的重要方式，是"双循环"战略中有关资金循环的重要内容。

三 发展证券市场是下好中国金融 开放这盘大棋的需要

改革开放使得中国实体经济深度融入全球产业链，成为全球产业链上的重要环节，成为全球产业链三角（北美、欧洲和亚洲）中重要的一角。相对于实体经济的贸易开放，中国金融开放显得有些滞后，发展和进一步开放证券市场，是经济、金融相对平衡开放的需要。证券市场的开放也是资本市场走向成熟的必由之路，世界上相对成熟的资本市场都是开放的。在金融全球化的背景下，一个成熟的资本市场是国家的核心竞争力。"美概股""欧概股"等如果出现在中国证券市场上，也是中国资本市场国际化和成熟化的标志之一。

从国内发展战略来看，坚持"住房不炒"的底线政策为证券市场发展提供了部分资金。资金的跨行业重新配置带来了更多的创新机会，也是更多的企业通过证券市场融资获得发展的机会。在这个意义上，证券市场的发展也是促进有效率的实体经济的发展。

证券市场的发展也是中国经济金融进一步融入全球化的需要。货币的国际化需要发达的证券市场作为支撑，没有发达的证券市场，货币的国际化难以有效提升。国际化货币的一个基本功能是可以来投资，包括在证券市场上的投资。

证券市场作为风险资产定价的场所，要求有安全资产的收益率作为参照。一个发达、成熟的证券市场都有一个安全资产的创造和定价功能。因此，中国证券市场的发展也将包括国债市场的发展，而央行是创造安全资产定价的主体，央行迟早要走到在证券市场上买卖国债这一步，去市场化创造安全资产定价、形成安全资产的利率收益曲线，为风险资产的定价提供参照锚，形成整个证券市场从安全资产到风险资产定价的完整链条。

因此，不论是从全球经济资产化发展的趋势，还是从"双循环"战略出发，中国证券市场的发展将是助推中国经济发展再上台阶的关键要素。珍惜好资本市场的开放，利用好证券市场的资金配置功能、促进经济创新，打造一个居民财富管理中心之一的证券市场，中国证券市场会迎来大的发展机遇。

对近期美元指数走势的一点思考

2020 年 8 月 24 日

从 5 月中下旬开始，美元指数呈现了走软态势。依据 WIND 的数据，截至 8 月 24 日，以收盘价计，美元指数为 93.18，比 3 月中旬的最高点贬值了大约 9%。最近 3 个月以来美元指数走软的主要原因是欧元和瑞士法郎的升值所致。年初至今，欧元对美元升值了大约 5.2%，瑞士法郎对美元升值了大约 5.8%。虽然说是贬值了 9%，但从目前的美元指数点位来看，比 2007—2019 年美元的平均指数还是要高出大约 8%，也比 2007 年年初（1 月底）的美元指数高出大约 10.2%。这就是说，经过 2008—2009 年次贷危机和 2020 年截至目前的新冠肺炎疫情大冲击，美联储两次大规模的扩表，美元指数比扩表之前还上涨了大约 10%。

从央行资产负债表的扩张来看，2007—2010 年美联储资产负债表扩张的增幅达到 171.14%，美元指数中除了瑞士央行的总资产扩张幅度达到 112.69% 外，其余的央行扩表速度要小很多，尤其是日本央行总资产增幅只有 15.66%，欧洲央行总资产增幅为 32.78%。这期间（2007—2010 年）美元指数大约贬值了 3.4%。与 2019 年年底相比，截至 2020 年 7 月底或者 8 月中旬，美联储的总资产扩张了 68.30%；扩张最快的是加拿大央行，扩张幅度达到 231.32%；欧洲央行和日本、瑞典央行总资产的扩张速度分别为 37.10%、16.20% 和 38.74%；此轮扩张最小的是瑞士央行，只有 11.07%（见图 1）。截至 8 月 24 日的美元指数与 2019 年年底相比大约也贬值了 3.4%。

因此，从两次扩表的速度来看，美联储资产负债表的扩张速度基本都高于美元指数构成货币中央行总资产的扩张速度，但美元指数还涨了。因此，不能单从美联储扩表直接推出美元指数就会走软的结论。

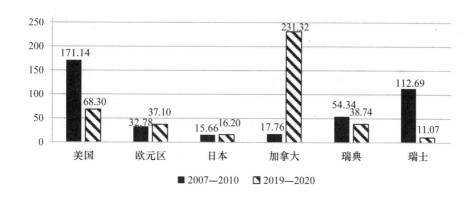

图 1　美联储及美元指数中货币的央行总资产两阶段扩表的幅度（%）

注：2020 年的数据中日本和加拿大是 7 月份的数据，其余的都是跟踪到 8 月份最新的数据。

数据来源：各央行网站。

这就是美元强弱的相对性。相比次贷危机之前，美联储两次超大规模的扩表，带来的却是美元指数的上升。这至少有几个方面的含义：第一，不要依据美元指数近期的走弱就判断美元是不是出问题了，实际上两次扩表带来的美元指数长期中是上涨的。第二，在美元主导货币体系下，每一次危机带来的美元流动性问题都会急剧推高美元指数。次贷危机第一轮（2017 年 8 月—2019 年 3 月）美元指数推高了大约 23%；2020 年 3 月开始的一轮美元指数大约推高了 8%（见

图 2），流动性是决定美元指数短期走势的关键因素。第三，单从美联储扩表不能推出美元指数长期一定走软的结论，货币走势是相对的，也需要看其他央行资产负债表的扩张。第四，美元指数的构成选择使得新兴经济体中即使是强势货币，对美元的全球走势影响也有限，这将取决于该货币对美元指数中的组成货币和美元本身的影响综合而定。

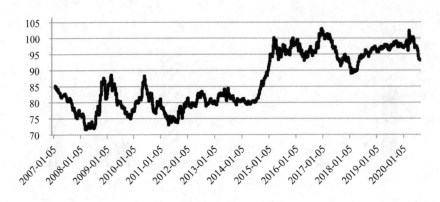

图 2　美元指数走势（2017 年至 2020 年 8 月 24 日）

数据来源：WIND。

　　从全球美元流动性来看，目前央行货币互换的规模相比 4 月份 4500 亿美元的高值已经大幅度下降。截至 8 月 20 日，央行货币互换存量只有 921.4 亿美元（见图 3）。尽管数额大幅度下降，相比今年 3 月 19 日美联储央行首次互换之前的只有 50 亿美元左右的数额来看，还是处在一个较大的数值上。

　　从美元的需求来看，依据 BIS 的最新数据，截至 2020 年 3 月底，对美国以外非银行借款人的美元信贷以每年 7% 的速度增长（达到 12.6 万亿美元），这一增速高于去年的增速；而对新兴市场

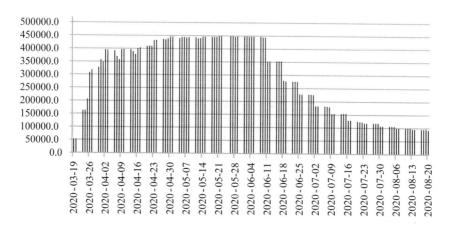

图3 美元未偿还在外的互换头寸（截至8月20日，百万美元）

数据来源：美联储，U. S. Dollar Liquidity Swap – Amounts Outstanding。

和发展中经济体（EMDEs）的信贷以每年6%的速度增长（达到3.9万亿美元）。与此同时，通过IMF援助形式的美元贷款依然有强烈的需求。

从央行隔夜拆借利率来看，除了加拿大央行的利率和美联储处于0%—0.25%的区间外，其余的基本是零利率或者负利率。从短期利率差角度来说，美元没有持续走软的压力。

从经济增速来看，第二季度美国经济增速确实很糟糕，但第三季度的预期尚可；同时欧洲、加拿大、日本、瑞士、瑞典的经济增速也不好。因此，在经济增长的基本面上也难以对美元形成持续的贬值压力。

从疫情防控来看，美国和欧洲疫情防控的压力都不小。如果从汇率的间接传递来看，部分大的新兴经济体，印度、俄罗斯、巴西、南非的汇率很难对美元和美元指数的货币形成向下的贬值压力，这些新兴经济体疫情防控的压力很大。

再回到央行资产负债表，美联储缩表和扩表对美元指数的走势影响是不对称的：次贷危机后，美联储的货币宽松政策基本没有停过。2007—2014 年一直在扩张，扩张幅度高达 3.6 万亿美元，美元指数却上涨了 3.4%，其中一个主要原因是欧洲央行从 2014 年 9 月开始快速扩表。2014—2018 年美联储开始缩表，规模大约是 0.43 万亿美元，再加上欧洲央行 2014—2016 年大规模的扩表，使得美元指数从 80 上涨到 2016 年年底突破 100，上涨幅度高达 25%。2019 年年底至 2020 年 8 月 20 日美联储总资产扩张了超过 2.8 万亿美元（见图 4），但美元指数还是上涨了 3.4%，显示出危机冲击下强美元的特征。

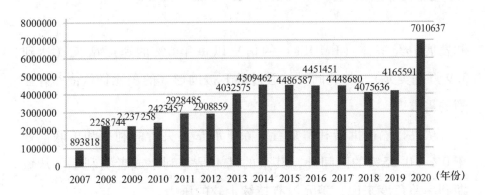

图 4 美联储总资产的变化（百万美元）

数据来源：美联储，H. 4. 1. Factors Affecting Reserve Balances。

因此，在疫情经济背景下，相对强的美元符合美国经济复苏的策略。在疫情没有解决，美国经济没有明显地复苏之前，美国是愿意看到美元指数维持在相对高位的，同时美元指数中的其他货币还不具备促使美元指数下行的明显推力。美国金融市场价格维持在高位也是美元指数难以持续下行的原因之一。这 3 个月美元指数走软的核心原因是全球美元流动性的改善，但尚不足以形成更大趋势的美元指数走软的推力。长期中要改变美元这种流动性紧张、美元指数大幅度不对称上涨的局面，只有在全球创造更多的安全资产，减少对美元资产的依赖，才能减缓或者消除美元指数这种不对称上涨给全球金融市场带来的负面冲击。

"双循环"是中国经济的新开放政治经济学

2020 年 8 月 31 日

2020 年 8 月 24 日习近平总书记《在经济社会领域专家座谈会上的讲话》（以下简称"824 讲话"）中再次强调，要推动形成以国内大循环为主体、国内国际双循环相互促进的新发展格局。这是中国经济发展模式的重大转变，也将带动全球经济增长模式的改变。这是我们党在深刻洞察百年未有之大变局后做出的新发展战略选择。"双循环"战略把国内大循环放在开放的世界经济循环视野中，把对外开放立足于提升国内大循环效率的基础之上，不再是简单的出口导向型增长模式，也不是进口替代发展战略，它具有鲜明的时代性。"双循环"顺应了当今全球增长模式周期性改变的大势，推动了全球再平衡和包容性发展，强调深挖国内大市场潜力来重塑我国参与国际合作和竞争新优势，这将进一步提升中国经济的高质量开放与增长，中国经济进入新开放阶段。"双循环"战略突破了发展经济学中的诸多传统理论，形成了中国经济的新开放政治经济学。

一 "双循环"是顺应全球增长模式
周期改变大势的战略抉择

中国经济增长的奇迹得益于成功的出口导向型增长模式。通过20世纪90年代参与国际大循环（两头在外）的模式有效发挥了中国经济中的成本优势，使得中国制造誉满天下，制造业成为中国参与国际竞争最有竞争力的产业。但从历史的长视角来看，任何一种增长模式都存在周期性的起伏和增长动能边际递减的趋势。

始于20世纪60年代的出口导向型增长模式，使得出口导向型经济体的出口增速远高于世界出口增速，出口成为拉动这些经济体经济增长的重要力量。次贷危机之后，2010—2018年出口导向型经济体出口增速是20世纪60年代出口导向型战略实施以来历史上最低的，虽然出口导向经济体出口增长率与全球出口增长率之比仍为1.93，但与1980—1989年的高峰相比，下降了近1/4（见图1）。基本原因是给定国际市场存量和增量的条件下，大量的出口导向型经济体生产能力超过了全球市场的消费能力，这引发了全球不平衡带来的一系列风险问题，如贸易摩擦、汇率摩擦和跨境资本流动带来的资产价格大幅度波动等。因此，次贷危机之后，全球出口导向型增长模式进入了明显的递减区间。

从出口导向型增长模式成功的历史案例来看，成功的出口导向型经济体都是依靠制造业出口来实现的。因为只有制造业最能够实现规模经济效应和通过技术"干中学"获取的知识扩散效应，从而通过不断地取得技术进步和控制成本来获取持久性的、非周期性的竞争优

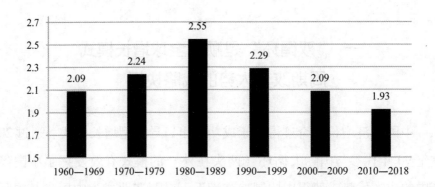

图1　出口导向经济体出口增长率与全球出口增长率之比

数据来源：出口导向型经济体的划分及测算方法，参见王晋斌、厉妍彤（2019）的《出口导向型增长模式终结了吗?》，工作论文。

势，这与初级产品出口主要靠经济周期的需求获取竞争优势完全不同。制造业的产业链长，既可以在不同环节形成专业化的生产，也可以整体上形成规模效应，其对经济的扩散效应远超传统的初级产品行业。但制造业的需求对经济周期更为敏感，制造业大多与耐用品相关，在经济增长乏力、需求不足的背景下，人们首先会减少耐用品的消费，耐用品的收入弹性比较大。正是由于制造业的生产和需求对经济周期存在不同的敏感性，会引发周期性的剧烈变化。次贷危机以来，全球经济增长乏力，但全球生产竞争能力依然保持强劲，导致制造业整体产能过剩，进一步引发了制造业成为全球贸易争端的焦点。

　　次贷危机后，全球经济增长进入"大停滞"时期，全球贸易进入"大平庸"时期，全球发展模式本身要求做出内生的调整。换言之，全球增长模式出现了周期性的变化，依靠制造业出口的出口导向型的经济体，外需拉动经济增长的作用已经下降。在这样的背景下，中国作为大的出口导向经济体已经出现了顺应这种全球增长模式周期性变化的改变。

从中国改革开放的过程来看，1984 年开始中国对加工贸易实行优惠进口政策，对其进口的投入品通过减免关税和增值税等措施来促进出口；从 1992 年开始，中国大幅度降低关税，尤其是中间品的进口关税，对生产出口品的带有技术含量的资本品的进口（尤其是 FDI 所需要的进口品）实施关税免除等激励措施。这些措施在 1994 年之后使得制造业的出口成为拉动中国经济增长的重要因素。1995 年开始中国逐步形成了以工业制造业进出口为主导，并附之以初次产品进口的国际分工贸易模式，开始了出口导向型的增长模式。从 1996 年以来的货物和服务净出口对 GDP 增长的拉动来看，中国经济增长模式经历了明显的变化。1998—1999 年东南亚金融危机和 2008—2009 年次贷危机都对中国出口导向增长模式产生了冲击。东南亚金融危机后，中国经济经历了 2005—2007 年出口促增长的"黄金期"，这三年货物和服务净出口对 GDP 的拉动均值接近 1.4 个百分点。次贷危机之后，再也没有出现过类似的"黄金期"（见图 2）。如果以次贷危机为节点，1996—2008 年货物和服务贸易净出口对中国经济年均拉动约为 0.51 个百分点，而 2009—2019 年货物和服务贸易净出口对中国经济年均拉动约为 -0.51 个百分点。2009—2019 年的 11 年间，外需对中国经济增长的拉动为负值的有 7 年，而 1996—2008 年的 13 年中，外需对中国经济增长的拉动为负值的只有 4 年。因此，当全球经济增长进入"大停滞"和全球贸易进入"大平庸"时期后，外需对中国经济增长的拉动作用也相应地下降了。

今年以来，新冠肺炎疫情肆虐全球，对全球生产体系造成了严重的破坏。中国采取了"封城"的严格疫情防控措施，疫情防控取得了战略性的成果，较早地推进了复工复产，抓住了出口窗口期，上半年

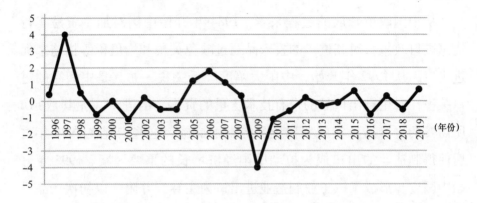

图 2 中国经济中货物和服务贸易净出口对 GDP 的拉动（%）

数据来源：中经网统计数据库。

货物和服务出口对经济的贡献率达到 12.5%。但这并不意味着中国经济不主动转型，而恰恰是在长视角下理性看待上半年出口的超预期结果，提出了"双循环"战略。从次贷危机之后，中国经济更多的是强调扩内需来稳定增长，而"双循环"更是顺应全球增长模式周期改变大势的明确战略抉择。

二 "双循环"是推动全球再平衡发展的战略抉择

次贷危机之后，全球通过反思次贷危机爆发的根源，很多学者认为全球不平衡是导致次贷危机的重要原因之一。全球再平衡战略被提上日程，包括 IMF 等国际性机构在次贷危机的反思中都强调了不平衡带来的风险。在 IMF 一份近期的报告中，认为 2019 年大约 40% 的经济体经常账户盈余和赤字过多，比 2018 年有所改善，但由于新冠肺炎疫情的暴发,导致全球贸易急剧下降,大宗商品价格下跌,外部融资环境趋紧,对各国经常账户余额的影响差异很大,会带来部分经济体进一步的外部不平衡。①

始于20世纪90年代的经济全球化浪潮相伴产生了这一轮的全球不平衡。这一轮全球不平衡的本质是跨国公司全球低成本套利导致的,来自美欧等发达经济体的FDI是跨国公司形成全球生产网络的资金运转主要形式。经济的全球化使得跨国公司能够在全球找到成本最便宜的地方来生产,甚至一个产品的各个环节都分散在不同的国家或者区域来生产。信息技术的快速进步使得产品的研发、生产、管理和风控等打破了地域限制约束,而运输成本的下降也使得跨国公司生产产品的全球低成本套利策略得以有条件实施和完成。发达经济体也享受这种低成本产品带来的福利改善,其国内的零售业从全球采购,也获取了巨大的商机和利益。来自发达经济体FDI的增长是推动全球贸易不平衡的重要原因。这些跨国企业来到发展中经济体,本身具有技术、管理优势,结合发展中经济体的低成本优势(尤其是劳动力成本),在国际市场上具有明显的竞争优势,是发展中经济体出口创汇的重要来源。比如,在过去的25年里,中国进出口中的大约一半是由外资企业或者外资参与的企业完成的。

跨国公司在全球低成本套利布局的强烈意愿,新兴经济体通过开放顺应了这种资本的跨境布局生产趋势,带来了被布局经济体出口生产能力的大幅度提升,并累积了大量的贸易顺差。跨国公司获取了利润,尤其是美欧等大型的全球跨国公司和为这些公司提供融资安排的金融业赚取了全球低成本红利,但其普通社会阶层并没有享受到这种

---

① IMF, 2020 External Sector Report: Global Imbalances and the COVID-19 Crisis, August 2020.

全球的低成本红利，工资的长期停滞和福利状况改善缓慢甚至恶化导致了西方民粹主义运动和贸易保护主义。因此，跨国公司全球低成本套利策略一方面使得跨国公司赚取了丰厚的利润，另一方面也是导致全球经常账户不平衡的重要原因。

相比经常账户不平衡，金融失衡已经成为全球失衡的另一个重要问题。美国主导、欧洲跟随的国际金融体系的过度弹性使得现在的国际货币体系已经脱离了布雷顿森林体系最初安排的设想：经常账户不平衡可以通过资本账户（金融账户）来融资。事实上，现有的国际金融失衡规模已经超越了经常账户失衡规模，主要原因是货币和金融的过度扩张，或称国际金融体系的过度弹性，跨境资金的流动规模已经远远大于经常账户失衡所要求的融资数量。

目前，全球金融不平衡达到了历史的新高。外部资产和负债的存量已达到历史新高，债务国和债权国都面临着各种风险。依据 BIS 的最新数据，截至 2020 年 3 月底，对美国以外非银行借款人的美元信贷今年第一季度以年率 7% 的速度增长，达到 12.6 万亿美元，而对新兴市场和发展中经济体（EMDEs）的信贷以年率 6% 的速度增长，达到 3.9 万亿美元。欧元区以外的非银行借款人的欧元信贷今年第一季度以年率 8% 的速度增长，达到 3.5 万亿欧元。[1] 与此同时，对通过 IMF 援助形式的美元贷款依然有强烈的需求，债务问题已经成为世界经济未来增长最大的风险隐患之一。

金融跨境规模的膨胀与美欧央行资产负债表的快速扩张密切相关，而次贷危机以来的低利率环境则刺激了跨境借贷的上升。相比 2007 年次贷危机前，次贷危机之后的美欧等经济体反危机的量化宽

---

[1] BIS, Global liquidity Indicators at End, March 2020.

松政策使得国际金融市场资金量快速增长。美元和欧元作为世界上最主要的货币，其央行资产负债表的总资产经过 2007—2010 年和2019—2020 年年中两次大的扩张（见图3），其中欧洲央行在 2014—2016 年也经历了大幅度的扩表。截至 2020 年 8 月 20 日，美联储总资产由 2007 年的约 0.89 万亿美元扩张到约 7 万亿美元；同期欧洲央行总资产从 2007 年的约 1.5 万亿欧元上涨到 6.4 万亿欧元。可见，全球主要货币央行的资产负债表出现了惊人的扩张速度，已经远远超过了实体经济的扩张速度。

图3 美联储及欧洲央行总资产两阶段扩表的幅度（%）

注：2020 年的数据是跟踪到 8 月 20 日的数据。

数据来源：各央行网站。

在全球经常账户和金融账户双失衡的背景下，"双循环"战略无疑是推动全球再平衡发展的战略抉择。从经常账户来说，"双循环"中的国内消费大市场的挖掘有助于企业顺利实施部分出口产品转内销的营销方式，减少对外部市场的依赖；国内大市场也会为国外产品提供市场，进口改善国内生产和消费需求的产品，在开放中去实现包容性平衡发展。"双循环"中国国内要素市场的改善，尤其是改善资金市场的内部循环，能够提升国内储蓄—投资转换的效率，能够减少对外部资金的需求，同时长期中有利于中国经济中经常账户的平衡。因此，以国内市场大循环为主体的"双循环"有助于推动全球的再平衡发展，也是推动全球包容性增长的战略抉择。

三 "双循环"是深挖国内大市场潜力、促经济平稳增长的战略抉择

从分阶段货物和服务净出口对中国的贡献率、拉动及其波动性来看，次贷危机后出现了巨大的变化，进入了出口导向型增长模式的明显递减区间。在 2001 年加入 WTO 之后，中国的出口贸易取得了快速发展，1995—2001 年工业制成品贸易顺差和初级产品贸易逆差之和约为 1887 亿美元，而 2002—2008 年间这一数额达到 9247 亿美元，后者是前者的约 5 倍。表 1 的数据显示，在这四个不同阶段中，只有 2002—2008 年这一时期，净出口对 GDP 的贡献率和拉动的单位波动风险带来的贡献率和拉动突破了 1%，分别达到 1.45% 和 1.34%（夏普指数），出口促增长的发展战略进入了单位收益超过单位波动性的高回报期。在次贷危机爆发后，2010—2019 年货物和服务净出口对中国经济的年均贡献率 -1.45%，拉动为 -0.16 个百分点；而贡献率和拉动的单位波动风险带来的贡献率和拉动均为负值。因此，次贷危机之后，中国出口导向型增长模式已经进入了明显的递减区间。

表1　不同阶段净出口对 GDP 的贡献率和拉动的均值和波动性（标准差）

	1984—1994	1995—2001	2002—2008	2010—2019
贡献率均值（%）	7.17	11.54	12.41	− 1.45
贡献率的波动性	35.38	15.82	8.58	6.53
贡献率夏普指数	0.20	0.73	1.45	− 0.22
拉动率均值（%）	− 0.14	1.03	1.31	− 0.16
拉动率的波动性	3.86	1.49	0.98	0.60
拉动率夏普指数	− 0.04	0.69	1.34	− 0.27

数据来源：作者依据中经网统计数据库的原始数据计算得到。剔除了 2009 年国际金融危机时的异常值，2009 年货物和服务净出口对中国经济的贡献率为 −42.9%，拉动为 −4 个百分点。

　　进一步从三大需求拉动 GDP 的增长的历史来看，由于外需存在的不确定性，对中国宏观经济会造成显著的波动性。我们将 1982 年以来货物和服务净出口拉动中国经济增长按照由正转负划分为 8 个阶段（见表2），可以看出存在以下几个特点。（1）相比次贷危机之前，净出口对中国经济的拉动由正转负的时间周期越来越短。1982—2019 年的 28 年可以划分为 5 个阶段，平均每个阶段大约 5—6 年；但 2012—2019 年 7 年时间就可以划分出 3 个阶段，平均每个阶段只有 2—3 年。外需对中国经济的正拉动时间周期缩短说明中国经济面临的外需存在越来越大的不确定性。由此，短期出台的稳增长的国内宏观政策可能就与长期发展政策存在冲突，过去典型的就是房地产行业的政策。次贷危机之后的大规模经济刺激计划，保住了经济增长率，但催生了房地产价格的暴涨、产能过剩等一系列问题。（2）1982—1985 年和 1991—1993 年净出口拉动由正转负的两个时期，为了稳增长，中国经济在消费、投资与净出口之间替代的过程中呈现出 GDP

和 CPI 的高增长和高波动，主要原因是投资过猛带来物价上涨；而在净出口拉动由正转为负的 1994—2001 年期间，为控制高物价，GDP 和 CPI 依然呈现出高增长和高波动，宏观经济体现出了对冲外需下降政策带来的波动性。（3）尽管 GDP 三大拉动因素从未在连续两年出现过同步变化的格局，存在明显的波动，但在 2002—2007 年这一时期基本实现了所谓的"三驾马车"齐奔的局面。在这一时期 GDP 维持高增长、低波动以及物价水平处于合理范围，且波动小。物价比平稳的原因除了货币因素外，其中一个重要原因是外需吸收了国内物价上涨的部分动能。（4）2012 年之后的三个阶段，当外需由正转负时，中国经济不再重复过去靠政策刺激性投资拉动来填补外需不足的政策，投资增速相对温和，但消费变化不大，因此，整个 GDP 增速出现了下滑，进入了中高速增长时期，GDP 增速大约为十年前的 60%—70%，但物价和经济增长率保持得相当平稳。

表2　　不同阶段中国经济三大需求拉动、CPI 的变化以及 GDP 增速

	1982—1985	1991—1993	1994—2001	2002—2004	2005—2009	2012—2013	2015—2016	2017—2018
净出口拉动	1.9% 下降至 -6.9%	0.1% 下降至 -1.8%	由 4.1% 下降至 -1.1%	由 0.2% 下降至 -0.5%	1.2% 下降至 -4%	0.2% 下降至 -0.3%	0.6% 下降至 -0.8%	0.3% 下降至 -0.5%
消费拉动	5.1% 上升至 9.7%	5.7% 上升至 8.1%	由 4% 上升至 4.1%	由 4.6% 下降至 4.2%	6.5% 下降至 5.4%	由 4.4% 下降至 3.9%	由 4.9% 下降至 4.6%	由 4% 上升至 4.4%
投资拉动	2% 上升至 10.7%	3.4% 上升至 7.6%	由 4.4% 上升至 5.3%	由 3.7% 上升至 6.3%	3.8% 上升至 8%	3.3% 上升至 4.1%	1.6% 上升至 3.1%	2.6% 上升至 2.8%

续表

	1982—1985	1991—1993	1994—2001	2002—2004	2005—2009	2012—2013	2015—2016	2017—2018
CPI	2%上升至9.3%	3.4%上升至14.7%	24.1%下降至0.7%	由-0.8%上升至3.9%	1.8%下降至-0.7%	基本持平2.6%	由1.4%上升至2%	由1.6%上升至2.1%
GDP年简单平均增长率	12.1%	12.5%	9.4%	9.7%	11.5%	7.9%	6.9%	6.8%

注：不同阶段划分方法：依据净出口对GDP拉动率由正转负划分出8个时期以便进行对比。

数据来源：中经网统计数据库。

　　表2的数据还揭示了另外一个重要信息，2014—2019年消费成为拉动中国经济增长的第一拉动力，投资退居第二位。2019年消费、投资、净出口拉动分别为3.5%、1.9%、0.7%。2020年上半年由于疫情的巨大冲击，投资出现了负增长，消费成为GDP贡献的核心力量，2020年上半年最终消费对GDP的贡献率为181.4%，资本形成贡献率为-94%，货物和服务净出口贡献率为12.5%。因此，稳定的消费和追求高质量的投资已经是拉动中国经济的两大重要支柱。

　　2020年新冠肺炎将对全球经济产生深远而持久的冲击，再加上2018年以来美国等发达经济体不断盛行的贸易保护主义，将对全球贸易和增长产生持久的负面影响。在中国经济增长模式已经悄然发生变化的背景下，"双循环"中以国内大市场为主体的发展战略就是为了深挖国内大市场潜力、降低中国宏观经济过于依靠外需导致的波动性和脆弱性。以国内大市场为主体有两个最基本的含义：第一，技术创新是同时实现全球竞争力和产业链安全两大目标的基础手段，国内大循环的基础是持续的技术创新。国内市场大循环并不是指社会生产活动的每一个环节，包括生产、分配、流通和消费这个过程循环往复地在国内完成；如果这一过程始终在国内完成，就是封闭的国内大循环。"双循环"强调的是开放条件下的国内大循环，挖掘国内大市场潜力必须具备全球竞争意识；挖掘国内大市场潜力必须具备安全意识。开放条件下产业链的安全是中国经济发展过程中要防范重点风险，"卡脖子"技术，比如芯片等，生产技术和生产环节须有重大突破，形成自己稳健安全的产业链。第二，把消费作为中国经济平稳增长的"压舱石"。创造更多的就业是宏观经济政策的首要目标，同时要逐步调整社会收入分配结构，培养出更大规模的中产阶层来提升消费。因此，深挖国内大市场潜力就可以降低中国经济过于依靠外需带来的宏观经济波动性。

四 "双循环"是中国经济高质量开放的战略抉择

"824讲话"中指出，"新发展格局绝不是封闭的国内循环，而是开放的国内国际循环。我国在世界中的地位将持续上升，同世界经济的联系会更加紧密，为其他国家提供的市场机会将更加广阔，成为吸引国际商品和要素资源的巨大引力场"。因此，中国经济的高质量开放是双向开放，在互惠开放中实现包容性增长。

在20世纪90年代中期之前，中国也走过资源型出口道路。在制造业尚没有形成国际竞争力之前，中国也是靠初级产品出口顺差和制造业（资本品）逆差慢慢发展起来的。经过20多年的改革开放，中国成为世界制造重要的中心或者平台之一，形成了以中国制造为重要主体的中日韩东北亚全球生产区域，与北美、欧洲共同成为全球最重要的三大经济区，占据了全球GDP的70%。

1988 年中国利用外资首次突破 100 亿美元，2010 年首次突破 1000 亿美元，成为全球吸引外资的重要场所。中国的开放程度越来越高，2000—2009 年的 10 年中国实际利用外资大约 6800 亿美元，比前 20 年实际利用外资还要多。尤其是次贷危机之后的 10 年中国实际利用外资超过 1.2 万亿美元（见图 4）。外资成为中国经济增长和出口的重要力量。1997 年外资进出口占中国进出口总值的 46.9%，2006 年达到高峰，占比为 58.9%，到 2019 年这一比例下降到 39.9%。1997—2019 年外资进出口占中国进出口总值的年均占比为 50.5%，这 23 年间，外资进出口占据了中国经济进出口的一半还要略强。

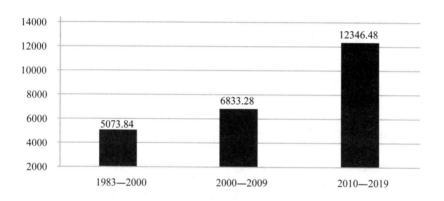

图4　三阶段中国实际利用外资金额（亿美元）

数据来源：中经网统计数据库。

开放带来外资的增长，在很大程度上塑造了中国经济的出口结构。外资企业很多采取两头在外的贸易模式，加工贸易就成为中国经济出口中的重要组成部分。依据商务部网站的数据，2012 年年底中国经济进出口中加工贸易占一般贸易的比例高达 65.6%，到 2020 年

4 月这一比例下降至 41.9%，最低的 2019 年年末只有 40.4%（见图 5）。加工贸易占比下降的过程是中国出口贸易国内产业链逐步完善的过程，是国内产业国际竞争力提升的过程，也是走向高质量开放的过程。

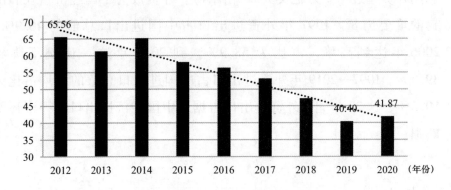

图 5　中国对外贸易中加工贸易占一般贸易的比例（%）

注：2020 年是 4 月份的数据，其余均为年底 12 月份的数据。

数据来源：商务部网站（http：//data. mofcom. gov. cn/hwmy/imexTradeMethod. shtml）。

尽管中国外贸依存度大幅度下降，但中国目前仍然是世界第一大出口国。正是由于出口贸易结构的问题，中国出口份额在国际占比和增加值的占比不对称，出口经济的附加值还不够高。图 6 显示了 2001—2016 年全球重要经济体高技术产品进出口占世界比例的变化。2010—2016 年中国高技术产品进口占世界高技术进口的 19%，出口占比为 24%，已经超过欧盟（EU）进口的 18%、出口的 17% 的比例；也超过美国进口的 14%、出口的 12% 的比例，成为世界上最大的高技术产品进出口经济体。

从占比变化的趋势来看，与 2001—2009 年相比，2010—2016 年美、欧高技术进出口在全球的占比都是下降的，日本保持稳定，进出

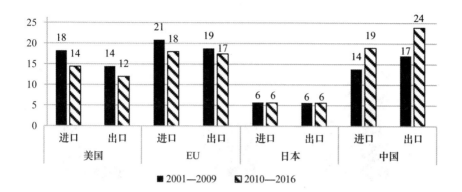

图6 几大经济体高技术进口和出口占世界进口和出口的比例（%）

注：采用了年度简单均值。

数据来源：National Science Foundation，National Center for Science and Engineering Statistics，Exports and imports of high - technology products，by region，country，or economy：2001 - 2016，*Science and Engineering Indicators 2018.*

口占比都保持在6%左右，只有中国的高技术进出口全球占比得到了较快的增长，这充分体现了高质量开放发展的趋势。

但从制造业高技术的增加值来看，2010—2016年美国高技术制造业增加值仍占据了世界高技术制造业的30%，比2001—2009年下降了4个百分点；2010—2016年EU高技术制造业增加值占据了世界高技术制造业的17%，比2001—2009年下降了3个百分点；2010—2016年中国高技术制造业增加值占据了世界高技术制造业的19%，比2001—2009年上升了10个百分点（见图7）。考虑到中国高技术制造业的产值、出口份额和就业规模，中国经济中高技术制造业的人均增加值要远低于美国和EU的高技术制造业，但中国高技术制造业的进步速度是惊人的，2010—2016年出口份额世界第一，增加值世界第二，超越EU。制造业的巨大进步与开放密切相关。

与制造业的长足进步相比，中国金融业的开放显得薄弱了不少。

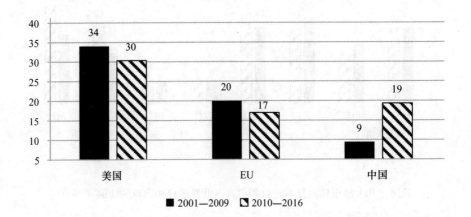

图7　美国、EU 和中国高技术制造业增加值占全球高技术制造业增加值的比例（%）

注：采用了年度简单均值。

数据来源：National Science Foundation，National Center for Science and Engineering Statistics，Value added of HT manufacturing industries，by region，country，or economy：2001 – 16，*Science and Engineering Indicators 2018.*

中国金融服务业的增加值在全球金融服务业中的增加值也取得了重大进步，2010—2016 年中国金融服务业的增加值占全球金融服务业增加值的约17%，这一数据低于美国的约28% 和 EU 的20%，但已经是一个事实上的金融大国。

但如果放在开放条件下来看，中国大陆金融业主要是一种相对封闭的循环。2008—2016 年中国金融服务业出口在世界的占比为1.38%，其中2016 年达到1.82%。与 EU、美国占比约36% 和28% 相比差距很大。尽管 EU 金融服务业出口全球第一，但金融业的增加值比美国差不少，美国依靠强大的国内资本市场，其 2010—2016 年金融服务业增加值比 EU 要高出8.5 个百分点（见图8）。金融服务业的出口与人民币的国际化程度需要提高有密切的关系。因此，大力发展中国的金融市场，尤其是证券市场，实施高质量的开放，同时加大以人民币计价的贸易方式，都有利于人民币渐进、稳健的国际化进程，提高中国金融服务业出口的全球占比。

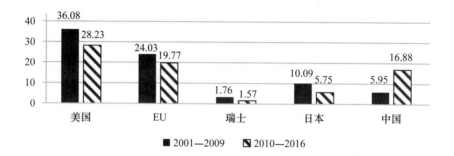

图8　部分经济体金融服务业增加值占全球金融服务业增加值的比例（％）

数据来源：Value added of financial services, by region, country, or economy: 2001–16, *Science and Engineering Indicators 2018.*

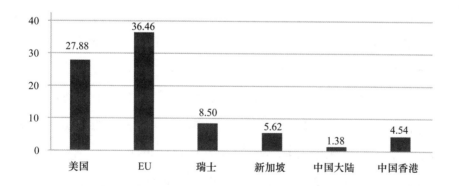

图9　主要金融中心和中国大陆金融服务业出口占全球出口的比例（％）

数据来源：OECD, Exports and imports of financial services, by selected region, country, or economy: 2008–16, *Science and Engineering Indicators 2018.*

五 "双循环"是中国经济的新开放政治经济学

习近平总书记在"824 讲话"中指出,"内循环的关键是以科技创新催生新发展动能,实现高质量发展,必须依靠创新驱动的内涵型增长,大力提升自主创新能力,尽快突破关键核心技术,这是关系我国发展全局的重大问题,也是形成以国内大循环为主体的关键"。因此,国内大市场就是要依靠更加市场化的竞争与创新,逐步破除行业准入等制度障碍,发挥市场配置资源的决定性作用;通过一系列鼓励创新的制度安排,比如专利制度、薪酬制度等来推动科技的发展;出台鼓励长期的基础性研究的制度安排,为技术的创新夯实基础。

同时,国内大市场也必须形成稳健、强劲的消费力量。中国经济过去几年的经验表明,消费已经是中国经济稳健增长的"压舱石"。通过不断创造新的就业岗位,改革收入分配体制,强调市场化要素收入初次分配的重要地位,并通过财税体制的改革来促进收入的公平分配,就能培养出更大规模的中产阶层来稳定社会消费力量。

习近平总书记在"824 讲话"中也指出,"新发展格局绝不是封闭的国内循环,而是开放的国内国际循环"。中国经济坚持对外更高质量的开放、更平衡的开放,强调相互依存的世界经济,强调互惠、包容性发展。中国经济已经进入了新的高质量开放进程,尤其是今年金融业的对外开放呈现出了相当大的力度,让世界看到了一个更加开放的中国。

以国内为主体的大循环绝不是 20 世纪 50—60 年代发展经济学曾经倡导过的进口替代战略。事实上,进口替代战略在发展经济学的历史中从来没有成功过，即使是其主要的倡导者后期也对这种发展战略持怀疑态度。中国也不可能实施这种历史上从未成功过的完全进口替代战略，因为只有在开放条件下，以国内大市场为主体的大循环才有更高的竞争性和更高的效率提升，才能使得"双循环"高质量地相互通畅，提高循环效率，促进经济有效率地增长。

以国内为主体的大循环也绝不是完全抛弃出口导向型增长模式，稳外资、稳外贸依然是长期战略。几十年的经验表明，对外开放是中国经济成功的关键要素之一。稳外资也是稳定产业链的重要措施，产业链稳了，稳外贸更有基础和底气，中国经济与世界经济被人为"脱钩"的可能性和风险就会大幅度降低。稳定了外资及其产业链，就能真正形成内外循环的良性互动，企业到国际市场上才能真正感受到国际市场的竞争力、感受到国际市场技术进步带来的压力，从而带来更快、更强的技术进步。

"双循环"强调利用好国内、国际两个市场，两者相互促进，形成良性循环，平衡好国内贸易部门和非贸易部门的发展，而不再是单纯的出口导向型增长模式。单纯的出口导向型增长模式容易导致国内贸易部门和非贸易部门的非平衡发展，带来资源的过分倾斜和收入分配的不均衡。

习近平总书记在纪念马克思诞辰 200 周年大会上发表重要讲话时指出，"学习马克思，就要学习和实践马克思主义关于生产力和生产关系的思想"。在马克思看来，生产力决定生产关系，生产关系反作用于生产力。中国经济靠改革开放、靠辛苦劳作推动了社会生产力的快速发展，取得了举世瞩目的经济增长成就。但"几年来随着外部环境和我国发展所具有的要素禀赋的变化，市场和资源两头在外的国际大循环动能明显减弱，而我国内需潜力不断释放，国内大循环活力日益强劲，客观上有着此消彼长的态势"，尤其是以美国为主的逆全球化行为使得全球化的红利进入了递减区域，世界经济的生产、交换和分配关系都发生了巨大的变化。特朗普一意孤行地强调"美国优先"、漠视全球分工的好处，用制造业回归、关税、技术禁售、打压中国企业等非市场化手段改变了世界经济全球化背景下的生产关系。

生产关系的改变反作用于生产力的发展。次贷危机后，中国经济增长已经主动进入了调整模式，更加依靠内需的增长来推动经济的发展。"双循环"是一个高度的概括和总结，具有鲜明的时代性。"双循环"展现了中国促进全球平衡发展、包容发展的价值观，也体现了中国对相互依存的世界经济的深度思考和精辟诠释，更是对全球生产力与生产关系变化了的深刻理解与运用。"双循环"是对马克思主义关于生产力与生产关系思想在开放体系下的创新发展和运用，是中国经济的新开放政治经济学。

稳中适度有升的人民币汇率符合
"双循环"新发展格局

2020 年 9 月 7 日

以收盘计,人民币对美元汇率从今年 5 月 28 日的 1 美元兑 7.16 人民币升值到 9 月 4 日的 1 美元兑 6.8435 人民币,升值幅度达到 4.42%,3 个多月这样的升值幅度,从单个货币来说升值幅度足够大了(见图 1),但相比美元指数的变化幅度,人民币汇率走势只能算

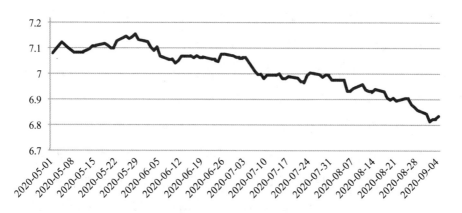

图1 近期人民币对美元的汇率走势

数据来源:WIND。

稳中有升，因为同期美元指数从 100 跌到 92 左右，美元指数下跌的幅度基本是人民币升值幅度的近 1 倍。

如果从较长的时间来看，稳中适度有升的人民币汇率符合"双循环"的新发展格局，也符合中国当下及未来一个时期的发展利益。但这并不意味着采取干预下的强人民币汇率政策，人民币汇率走势会受到其他货币走势，尤其是美元指数走势的影响，人民币汇率走势更应该是顺应市场走势的稳中适度有升。

一 汇率要服务于国家经济发展战略：出口导向战略走向"双循环"新发展格局

国际货币史的演进表明了汇率制度选择的政治经济学包含三个方面的基本内容：一是汇率制度选择要服务于国家经济增长模式。二是汇率作为相对价格能够调整进出口产品的价格，调节内外部门的发展不平衡以及贸易的不平衡。三是汇率制度选择要服务于货币的国际化。汇率政治经济学的基本内容需要依据中国经济发展的阶段体现出顺序性和侧重性。而稳健的、平衡的增长是中国经济的核心问题，汇率制度的选择首先必须服务于中国经济增长模式的改变。

1994 年 1 月 1 日中国取消了双重汇率制度，人民币官方汇率与市场汇率并轨，实行以外汇市场供求为基础的单一的有管理的浮动汇率制，人民币汇率一次性大幅度下调，从 1993 年年底的人民币对美元官方汇率 5.7 下调到市场上的调剂汇率 8.7 左右。这次大幅度的人民币汇率调整推动了出口，很好地服务了中国出口导向型的发展战略。1994—2011 年的 18 年时间里，货物和服务净出口对中国经济的拉动率 15 年是正值,而三次为负值的分别是受到 1999 年东南亚金融危机的影响、2009 年次贷危机的影响、2011 年次贷危机余震和欧债危机的影响。

经过 2005 年、2015 年两次大的汇率制度改革,人民币汇率形成更加接近市场化。进入 2017 年,央行调整了货币篮子的货币构成及权重,重新定基后使得新阶段维持新的一篮子货币稳定的难度下降。从参考单一的货币篮子来看,由于做市商更多地依靠上日收盘价决定当日中间价,而更少地参考"一篮子货币汇率变化",人民币汇率定价存在趋势性的"惯性"倾向,央行才考虑加入"逆周期调节因子"。今年以来,人民币汇率中间价的定价更加市场化,"逆周期调节因子"明显在减少。由于疫情,今年第一季度商品贸易只有 132 亿美元的顺差,但 1—7 月份商品贸易顺差达到 2300 亿美元,相当于 2018 年全年的贸易顺差,接近 2019 年贸易顺差的 80%。即使不考虑服务业贸易由过去的逆差转为顺差的情况,尤其是 5 月份以来,商品贸易大规模的顺差也支持了人民币适度升值。"逆周期调节因子"减少也认同了市场人民币汇率的稳中适度有升。

汇率改革更加市场化其背后的逻辑,是在于中国经济增长模式发生了改变:汇率不再像过去那样要重点服务于出口导向型增长模式,更多地倾向于转向寻求国内贸易部门和非贸易部门的平衡发展,反映市场对本币和外币的需求,并确保汇率不出现过大的波动,带来资本流动过大反过来冲击汇率的波动。总体上看,人民币汇率在人民币对美元的金融汇率和一篮子贸易汇率之间保持了较好的平衡,尽管有时会出现小的背离。

二 人民币稳中适度有升符合"双循环"新发展格局

对部分外向型企业来说，以国内大市场为主体的"双循环"要求国内商品相对于国外商品更值钱，部分企业出口转内销会有货币换算财务上的激励，企业也会更加重视国内市场的开拓。

稳中适度有升的人民币汇率有助于稳外资。稳外资是稳定产业链的重要措施。一个稳中有升的汇率是外资愿意进入中国的重要原因之一。产业链稳定了，稳外贸更有基础和底气，中国与世界的经济金融关系就会更加紧密，被人为"脱钩"的风险就会骤然下降。稳定了外资及其产业链，才能真正形成内外循环的良性互动，因为中国不可能实施历史上从未成功过的完全是利用自己资源的进口替代战略。当然，升值对出口有一定的负面影响，但外资的稳定也会增加出口。同时，长期内产业链稳定和安全的重要性要高于贸易的顺逆差问题。

稳中适度有升的人民币汇率有利于提升国内资产的价值。在全球货币宽松的条件下，中国采取了稳健的货币政策，2020 年新冠肺炎疫情冲击以来，中国的货币政策是全球大经济体中最克制的，央行资产负债表的扩张也是幅度最低的之一。那么稳中有升的人民币汇率有助于资本流入，中国可以有效利用全球金融资源参与中国经济金融的发展，助力中国资本市场开放的大局。尤其是中国证券市场迎来了难得的历史性大发展机遇，利用好外部资金发展证券市场，一方面可以提升资本市场的制度建设质量、提升中国金融的国际化程度；另一方面更多的企业可以利用证券市场推进企业创新的功能，整体上提升中国经济的证券化水平。

当然，人民币升值会减少中间品进口成本，会鼓励进口，减缓一些关键领域的进口替代。问题在于关键领域是很难进口到的，不会因为人民币适度升值就可以更便宜地进口到关键领域的技术品，对一些关键领域的进口替代影响很小。

三 全球经济和外部金融的目前环境也赋予了人民币稳中有升的条件

中国是全球疫情防控最成功的经济体之一，也是 2020 年全球大经济体中唯一保持正增长的经济体；而海外疫情依然严重，经济复苏困难重重。经济的基本面决定了当前及未来一段时间人民币汇率没有走弱的基础，除非国际金融市场再次出现剧烈动荡，美元再次大幅度走强，影响人民币汇率走弱。

全球金融市场在未来相当长的一个时期将处于低利率状态。首先，疫情冲击加上贸易冲突带来全球经济的复苏步履维艰，这种困难具有中长期性。其次，经济总需求决定了通胀不会短期出现在美欧等发达经济体。再次，发达经济体货币政策对通胀的容忍度有所提高。最近美联储在考虑将2%的通胀目标改为平均通胀目标，提高通胀的容忍度来刺激经济总需求。第四，发达经济体巨量的政府债务以及进一步的财政刺激政策，需要低利率来筹集资金，实施债务的滚动管理。同时，在经济复苏之前，其企业也需要低利率环境来筹集资金，降低资金的成本。最后，从中美利率来看，基本处于利差比较大的时期。因此，国际金融市场的外部环境也决定了人民币有一定的升值条件。

不要把人民币适度升值等同于人民币高估。当下很多讨论总是把人民币升值等同于人民币高估，然后依据高估的逻辑去推演人民币高估就可能带来进一步的资本外流，等等。

因此，从中国经济增长模式改变、从稳外资到稳产业链、从中国资本市场需要大发展来看，稳中有升的人民币汇率符合"双循环"新发展格局，也符合中国当下及未来一个时期的发展利益。但稳中有升并不是干预下的强汇率政策，更应该是顺应市场走势的稳中适度有升。

大规模减持美债并不符合当下的国家战略利益

2020 年 9 月 16 日

　　截至 2020 年 6 月底，依据美国财政部网站公布的数据，中国持有的美国国债数量为 1.074 万亿美元。2019 年 1 月至 2020 年 6 月中国减持了 523 亿美债，使近期市场出现了是否要大规模减持美债的热议，甚至出现了要大规模减持、清空美债的言论。523 亿美元的减持，减持的比例为 4.64%，对照不同经济体减持和增持美债的比例来看，这是一个正常的国家外汇资产组合管理行为，在中美贸易冲突、美方技术打压等行为的渲染下，联想到金融"脱钩"，从而过度解读了中国在最近 1 年多时间减持不足 5% 美债的外汇资产组合管理行为。

一　美元及美元资产仍然是主导性的
国际外汇储备资产

　　美债作为外汇储备资产的重要投资形式，外国或国际投资者减持一定数量的美债是否就意味着美元作为国际储备的地位有明显下降呢？我们需要从几个方面来看。首先，全球外汇储备越来越透明。从 IMF 成员国央行公开宣布的已分配外汇储备可以看出这一点。从 1995

年以来，已分配外汇储备的比例有一个明显的下降，从1996—1997年的大约78%一直下降到2013年的53%左右，随后有一个快速的上升，到2020年第一季度达到了93.4%，而未分配的外汇储备比例下降到大约6.6%，这与2013年46%左右的比例相比，出现了巨大的下降（见图1）。由于IMF公布的外汇储备中没有公布未分配外汇储备货币的构成，因此，随着未分配外汇储备占比的快速下降，已分配外汇储备货币中的占比就能够比较准确地刻画全球外汇储备的货币构成。

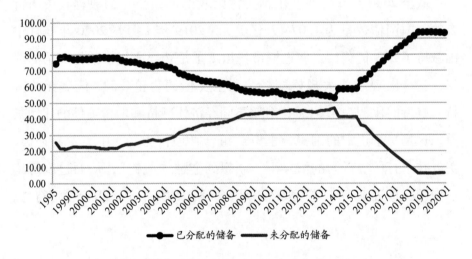

图1　国际外汇储备中已分配和未分配占比的变化（%）

数据来源：IMF，World Currency Composition of Official Foreign Exchange Reserves。

其次，从IMF成员国央行公开宣布的已分配外汇储备中美元的占比来看，1995年未分配储备占比高达25%，已分配储备货币中美元占比大约59%，此后一直上升到2000—2002年的大约71%—72%。此后随着欧元的诞生，美元在已分配储备中的占比有所下降，到2020

年第一季度大约占 62%，考虑到未分配外汇储备中美元占比降至 6.6% 左右的水平，大致可以认为全球外汇储备中 62% 左右是美元，这一比例要高于 1995 年的 59%（见图 2）。

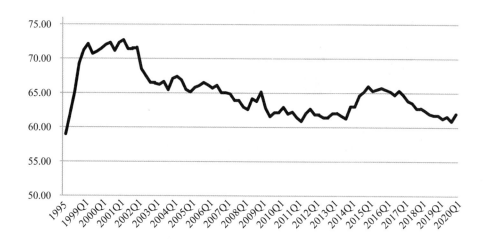

图2　已分配外汇储备中美元占比的变化（%）

数据来源：IMF，World Currency Composition of Official Foreign Exchange Reserves。

从五大主要外汇储备货币来看，美元是主导性的储备货币，欧元占据了全球 20% 的外汇储备份额，人民币作为全球第五大储备货币，占比为 2.02%（见图 3）。因此，从全球目前 11.7 万亿美元的外汇储备总量来看，美元作为国际外汇储备的地位由于欧元的出现确实出现一定程度的下降，但尚不足以动摇美元主导性的国际货币储备体系，美元及美元资产仍然是主导性的国际外汇储备资产。

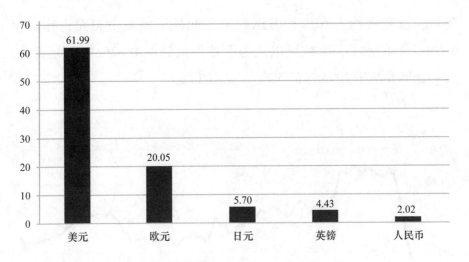

图3　全球外汇储备中不同货币的占比（2020年第一季度,%）

数据来源：IMF, Currency Composition of Official Foreign Exchange Reserve（COFER）。

二　美国国债外国持有者出现了边际递减，大体尚属于正常

图4显示了自2010年年底至2020年第一季度外国持有美国国债的比例变化，可以看出外国或国际投资者持有美国国债数额占比有一个较为明显的下降，从2014年年底的33.94%下降到2020年第一季度的28.75%，下降了大约5.2个百分点（见图4）。2010年12月美国国债存量为14.03万亿美元，2020年3月底为23.69万亿美元（6月底为26.48万亿美元）。2020年第一季度外国和国际投资者持有美国国债数量为6.81万亿美元，2010年为3.88万亿美元。因此，从边际变化角度来看，2010—2020年第一季度美国国债增加了9.66万亿美元，外国或国际投资者增持了2.93万亿美元，占比30.33%。这就是说美债新增部分30%是外国或国际投资者持有的，70%是美国人自

己持有的，和过去相比，这一比例尚属正常。但由于美债数量的急剧增长，不管从总量持有占比，还是边际持有占比来看，外国投资者对美国国债的持有都有一定比例的减少，这与美元体系的过度弹性，过度创造全球"安全资产"直接相关。

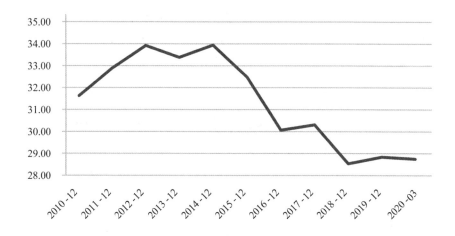

图 4　外国或国际投资者持有美国国债的比例（％）

数据来源：美国财政部，TABLE OFS–2—Estimated Ownership of U. S. Treasury Securities。

三　外汇储备投资：寻求安全性、流动性与收益性的平衡

外汇储备投资也是多元化的。全球成立国家财富主权基金的经济体不少，强调投资的安全性、流动性和收益性之间的平衡。在全球美元储备仍然占据全球外汇储备62％份额的条件下，美元资产的安全性和流动性是占据优势地位的，投资美债不满意的地方就在于收益性。由于整个发达经济体都是低利率，甚至出现了名义负利率，在考虑流

动性和厌恶波动性的前提下，金融市场上首选的资产是政府债券，在低通胀、低增长和低利率的大环境下，政府债券低收益率是发达金融市场上的普遍现象。依据美国财政部网站公布的数据，目前美国10年期国债收益率只有0.68%（9月15日）。

因此，过低的收益率必然会导致外汇储备组合管理的变动。比如，今年沙特的国家主权财富基金开始较大规模退出美债市场，购买美国股市上的大型科技股，调整主权基金的投资组合。国际市场上也出现了增持和减持美债的行为。从2019年1月至2020年6月，日本和英国是增持美债主要的投资者，规模分别达到1964亿美元和1555亿美元。中国、巴西和沙特是减持美债主要的投资者，规模分别达到523亿美元、410亿美元和384亿美元（见图5）。2019年1月全球主要投资者持有6.32万亿美元的美国国债，2020年第一季度全球主要投资者持有美国国债数量为7.04万亿美元，这期间全球主要投资者增持了0.72万亿美元国债，相对于这期间美国公共债务增加了4.7万亿美元来说，国际投资者增持的数量存在边际递减的趋势。因此，美债数量的急剧增加，更多的将由美国国内的投资者来持有，包括美联储。

外汇储备组合管理的变动，要求寻求安全性、流动性与收益性平衡的"安全资产"。在全球主要经济体都处于低利率、低增长的条件下，寻求合意的安全资产并不容易。如果从外汇储备和美债数量的对比来看，2020年第一季度全球主要投资者持有的美债数量大约是全球外汇储备的60%。当然这一比例并不是完全客观的，因为有些美债的持有并不一定是国家外汇储备。从这个角度来看，美债还是全球外汇储备安全资产的重要投资标的。

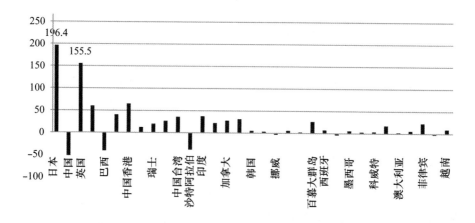

图 5　美国国债全球主要持有者持有数量的变化

（2019 年 1 月—2020 年 6 月，十亿美元）

数据来源：美国财政部，美国政府债券的主要外国持有者。

四　美债减持：国际政治经济博弈的筹码？

尽管国际货币体系在逐步发生边际变化，但国际货币体系远没有到巨变的时刻。市场上出现了美国有议员提议冻结中国持有的美国国债的说法，但中国不可能对这样的说法有过度反应。在过去几年中，世界上是有几乎清空美债的国家。典型的是俄罗斯。俄罗斯从次贷危机后开始增持美债，并在 2010 年 7—10 月份持有 1750 亿美元左右的美国国债，到 2012 年的 10 月份还持有 1711 亿美元的美债，成为全球美债第 6 大持有国。2017 年年底仍持有 1020 亿美元美债，进入 2018 年俄罗斯开始大规模减持国债，到 2018 年年底仅持有 132 亿美元的美债，从 2019 年开始退出了全球美债主要持有者的行列。俄罗斯大量减持美债主要原因可能是，历史上至今两个国家一直是世界上两大军事对抗集团，即使俄罗斯大规模增持美债，美国也没有放松对俄罗斯的经济制裁，最终导致俄罗斯基本退出了持有美债。另一方面，即使在俄罗斯持有美债的高点也只有 1700 亿美元左右，相对于当时 6 万亿美元的国外或国际投资者持有数量来说，占比不足 3%。因此，即使俄罗斯卖光了持有的美国国债，对美国国债全球市场的影响也很有限。

中国与俄罗斯的情况不同，中国持有的美国国债数量巨大。截至 2020 年第一季度，中国的外汇储备占全球外汇储备的大约 26%，持有的美债占全球非美国投资者持有比例的大约 15%。中美之间的金融、经济相互依存关系远非俄罗斯能比。设想一下，在国际市场大规模抛售美债，可能涉及三个基本的结果。第一，大规模抛售美债，美债价格会有明显下跌，卖不了好价钱，也推高国际金融市场上的中长期利率，对美国金融市场短期利率影响不大（美联储联邦基金的零利率政策）。进一步地，一方面，如果利率过高，或许会引起美联储实施收益率管制政策；另一方面，不卖美债的投资者将获取更高的收益率。结果可能是国债没卖出好价格，对市场利率推高的作用也被限制，也提高了不卖美债投资者的收益率，更何况在当前情况下，国际金融市场利率上扬对我们也没有什么好处，会带来企业国际筹资成本的上升和汇率的承压。第二，卖完美债是美元。巨额的美元现金怎么办？有足够的"安全资产"作为投资标的选择吗？第三，大规模的抛售美债在一定意义上具有中美金融"脱钩"的味道。事实上，截至目前，中美金融并没有出现脱钩的情况。今年以来，几十家企业赴美上市，创历史新高。利用美国的国际金融市场为中国企业筹资和背书，也是促进中国企业创新和推动经济增长的重要方式。正如习近平总书记所说，要利用好国内、国际两个市场，这就包含了国际金融市场，而美国的金融市场是国际金融市场。因此，从战略上说，拿在手上的美债也是中美金融相互依存的重要表现。尤其是随着中国金融市场更大地开放，中美金融市场的相互依存性和彼此的外溢性会进一步提高。

因此，考虑到全球美元储备主导体系的现实、考虑到美债是全球外汇储备投资的重要标的、考虑到中美金融的相互依存性和外溢性，大规模抛售美债不符合中国当下的国家战略利益。当然，随着时间的流逝，世界经济多极化的进一步发展，国际金融市场提供的"安全资产"越来越多，调整外汇储备投资组合是正常的投资行为。

经济向好的预期推动了人民币升值快了一点

2020 年 9 月 21 日

 人民币较为快速的升值成为近期大家热议的话题。人民币对美元双边汇率（金融汇率）升值的速度确实快了一点。以收盘价计，7 月 30 日美元对人民币的汇率为 7.0064，随后的一个半月多的时间里，美元对人民币汇率都在 7 以内，到 9 月 18 日美元对人民币的汇率为 6.77，升值幅度为 3.37%。7 月 30 日美元指数 92.9366，9 月 18 日美元指数 93.0076，升值幅度 0.076%（见图 1）。这就是说，美元指数基本没动，人民币对美元的金融汇率自己升值了约 3.4%。换言之，这一轮的人民币升值与美元指数关系不大，人民币对美元的金融汇率独自显示出了阶段性的强势状态。

 再看人民币汇率指数（贸易汇率）CFETS 的变化。中国外汇交易中心提供每周的人民币汇率指数。笔者选取了可用的对比区间 6 月 30 日到 9 月 11 日人民币三大汇率指数，发现这一期间 CFETS 指数上涨了 2.385%，略低于 BIS 和 SDR 篮子货币汇率指数（见图 2）。

 从同一时间段的人民币对美元金融汇率升值幅度和贸易汇率指数升值幅度的差别来看，人民币对美元金融汇率升值的幅度小于贸易汇率指数的升值幅度。因此，可以推断：在现行的一篮子货币汇率计算方法下，人民币对篮子中某些其他货币升值的幅度还要大一些，才能

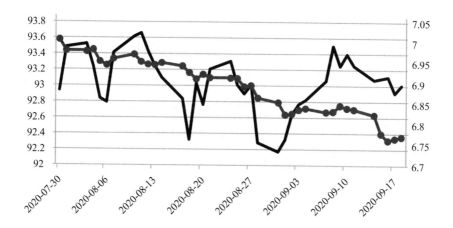

图1 美元指数走势和近期美元对人民币汇率（2020 年 7 月 30 日—9 月 18 日）

数据来源：WIND。

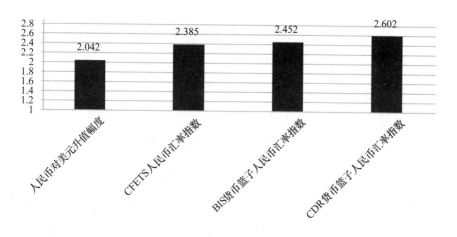

图2 人民币汇率指数的升值幅度（2020 年 6 月 30 日—9 月 11 日，%）

数据来源：中国外汇交易中心，http：//www.chinamoney.com.cn/chinese/bkrmbidx/。

计算出在人民币对美元升值 2.042% 的条件下，整个 CFETS 指数上涨了 2.385%。因此，人民币不但是对美元升值，对篮子中其他货币整体上也是升值的，而且升值幅度更大一点。

梳理一下上述数据揭示的逻辑：此轮人民币较为快速的升值与美元指数基本无关，人民币对篮子中其他货币整体上都是升值的。因此，会带来两个问题：其一，人民币脱离美元指数的升值其动力是什么？其二，贸易汇率指数的升值对出口可能会产生一定的负面影响。

人民币脱离美元指数的升值其动力是什么？我们认为可能包括以下几个方面：首先，中国是全球疫情防控最成功的经济体之一，经济复苏相对于其他经济体来说，不少重要的经济指标具有领先优势。比如，1—8月份，工业增加值同比增长0.4%，实现了由负转正的变化。而部分其他经济体疫情防控压力很大，比如欧洲疫情出现了反复，疫情防控压力不减。这也是美元指数近期相对上涨的重要原因。

其次，中国高质量的开放涉及很多制度性的改革，这些改革增加了中国经济增长与发展的国际透明度，释放出制度红利，获得了国际投资者更多的认可。比如允许外资更多地进入中国金融市场、海南自贸区建设等。

再次，超预期的贸易顺差也使得人民币走强。由于中国经济较早地实现了复工复产，出口出现了超预期的状态。依据中国海关的数据，经季节调整后，今年8月份进出口总值同比增长8.5%，其中出口增长13.7%，进口增长2.3%。1—8月份贸易顺差2890.6亿美元。超预期的贸易顺差也带来了外汇储备的增长。依据央行网站的数据，8月底中国外汇储备上升到3.165万亿美元，比6月底增加了522.8亿美元。

最后，随着金融开放力度的加大，人民币资产对国际投资者吸引力增加。中国资产收益率相对高，比如相对于发达市场低收益率的政府债券，中国国债的收益率还在3%左右，中美利差处于对国际投资者有吸引力的区间。更高的金融开放，市场流动性也会提高。今年4月1日基金管理公司放开外资持股比例限制使得更多的国外资金可以投资中国证券市场。目前中国股票市场也相对具有投资价值。截至9月18日收盘，依据 WIND 提供的数据，上证指数和深证成指的 P/E（TTM）分别为16倍和31.9倍，沪深300指数 P/E（TTM）为15.1倍，创业板指的 P/E（TTM）为64.2倍，科创50的 P/E（TTM）达到了82.5倍。整体上看，相对于美国股市的高位运行和调整来说，对国际投资者具备一定的投资吸引力。

因此，中国经济向好的基本面、制度性的开放红利、利差的吸引力以及金融资产具备相对好的投资价值，是近期人民币对美元金融汇率脱离美元指数独自走强的关键因素。

贸易汇率指数的升值对出口会产生一定的负面影响，尽管有些研究表明了次贷危机后汇率与出口的关系不像早先那么紧密。而且疫情经济背景下，出口与汇率的关系将更为复杂，因为这涉及有生产能力的企业和定价权问题，汇率的传递可能会出现更小的情况。尽管如此，人民币对美元金融汇率的较快升值，对企业外汇风险管理还是提出了挑战，对出口企业的人民币计价的现金流会有负面作用，从而会影响到出口企业的利润和资产负债表，其程度将取决于企业海外市场销售份额的变化以及企业管理汇率风险的能力。

总体上说，近期较快的人民币对美元金融汇率的升值，或许说明市场有些过度透支中国经济基本面向好的预期，导致人民币对美元出现了脱离美元指数的较快速升值。因此，逆周期因子可以适度发挥作用，拉长人民币对美元的升值时间。尽管说稳中适度升值的人民币汇率有利于双循环战略，但短期内汇率过快升值甚至出现超调，对企业管理汇率风险敞口和出口都会带来一定的冲击，汇率政策要适度发挥作用，帮助企业减缓和规避这种汇率过快变化带来的不确定性。

人民币对美元汇率近期的较快升值可能也在向市场传递这样的信号：侧重于服务实体经济的人民币汇率正在寻求服务实体经济和中国金融大发展之间的平衡，后者与人民币跨境流动（人民币国际化）密切相关？

国际金融市场的大动荡应该不会回来了

2020 年 9 月 27 日

    2020 年 3 月发生的国际金融市场大动荡刚过去不久，回过头来看，有恍如隔世之感。截至北京时间 9 月 26 日，依据 WIND 的数据，与年初相比，美国三大股指 DJ 下降了 4.78%，而 NASDAQ 和标普 500 的指数分别上升了 21.63% 和 2.09%。而按照 OECD 最新的预测，美国 GDP 2020 年预计下降 3.8%。疫情金融表现出了与当前疫情经济完全不同的趋势。

    进入 9 月份，美股出现了一定程度的回调。美国三大股指均在阶段性高点 9 月 2 日开始回调，截至 9 月 25 日，DJ、NASDAQ 和标普 500 分别下跌 6.62%、9.48% 和 7.89%（见图 1），由于时间不长，基本可以认为是出现了中小级别的回调。

    美股的回调引发了市场上关于金融市场暴风雨或将来临的讨论。事实上，笔者认为尽管存在疫情反复、美国政府债务高企、就业压力等多种不利于美国经济恢复的因素，但在未来一段时间再次出现金融大动荡的可能几乎是没有的。

    近期美国金融市场的股指回调，主要有几个基本原因，但这些原因尚不足以引发美国股指大幅度的深度回调。这些原因包括：美元指数走强、美国总统大选的不确定性、美国经济刺激计划的争议以及美

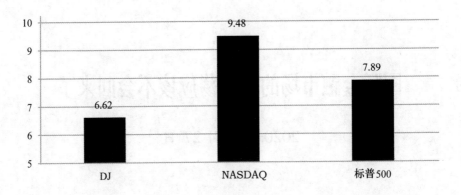

图1 美国三大股指回调的幅度（9月2日—9月25日,%）

数据来源：WIND。

国政府不断攀升的债务问题等。

美元指数走强是在欧元走弱的背景下出现的，美元不想走强都不行，欧元的贬值促使美元被动走强。欧元的走弱主要是欧洲疫情出现了第二波高峰，导致欧洲整个经济复苏更加困难。依据OECD最新的预测，2020年欧元区GDP将出现－7.9%的增长，疫情带来的悲观预期导致了欧元走软，反推了美元走强。美元被动走强的作用有些类似于金融市场流动性的收紧，不是经济基本面带来的美元走强，因此会推动黄金价格的下跌和股指的下跌。

美国总统大选带来的不确定性会直接影响市场投资者情绪和行为。连任总统和换新总统的经济政策和对外政策存在明显的差异，这引发了市场投资者之间的分歧和纠结，是留在这个市场还是暂时退出这个市场是投资者面临的直接问题，这会引发金融市场的调整和波动。

美国新一轮的经济刺激计划在美国两党中已经争议一段时间了，民主党主张大规模的刺激，而共和党主张小些规模的刺激，两者之间存在明显的分歧，其背后是选票的政治经济学。因为民主党认为大规模的刺激更有利于自己的选票，而共和党则反之。双方争议至今未果，这对市场预期刺激美国经济的进一步恢复带来了负面影响。换言之，目前的政策"见顶"也会导致股市投资者信心下降。

美国政府债务问题，过去称为"财政悬崖"问题，是个老问题。在中长期低利率的环境下，尤其是当美联储的货币政策制定从绝对的年度通货膨胀目标值走向平均通货膨胀目标值后，低利率延长的时期会更长，这有助于缓解美国政府债务的压力。我们看到近期美国政府债务存量不断增加，但利率费用却下降了。

从美国经济的基本面来看，8月份美国经济中的失业率8.4%，较前期有一个明显的下降，但失业率仍然处于高位。依据美联储9月18日公布的美国家庭最新的福利状况调查来看（Federal Reserve Board issues Report on the Economic Well – Being of U. S. Households），7月份，77%的成年人表示他们的财务状况至少还可以，高于4月初的72%和2019年10月的75%。相当多的家庭得到了一种或多种形式的经济援助，一定程度上改善了美国居民总体经济福利。7月的调查也显示，与9个月前的2019年10月相比，人们似乎更能处理小型金融紧急情况。7月份，70%的成年人表示，他们完全可以用现金、储蓄或下次结算时付清的信用卡支付400美元的紧急开支，这一比例比去年10月的63%有所增加。

从美国金融市场条件来看，由于美联储采用零利率和无上限宽松的货币政策，美国金融市场的融资条件处于历史宽松时期，目前的金融压力指数处于负值区间（见图2）。

金融压力指数处于历史的负值区间，也和事实一致。美联储推出的大量信贷计划，比如主街计划，截至目前信贷额度远没有使用。这

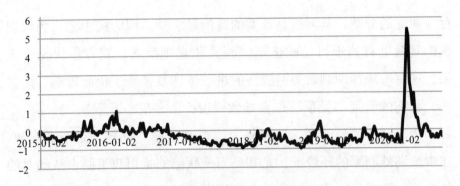

图2　美国金融市场金融压力指数的变化

数据来源：St. Louis Fed Financial Stress Index。

也是鲍威尔反复强调需要财政刺激的原因。意思就是说，美联储的货币政策非常宽松了，有钱都没有人来借，那就得靠财政刺激了。

　　2020年的国际金融大动荡是百年难遇的。难遇的不是在股指调整的幅度，难遇的是调整的迅猛度。3月9日—3月20日"泥沙俱下"的"熔断"场景很难再现。金融大动荡三大股指中跌幅最大的DJ调整37.09%，远低于次贷危机和"大萧条"时期股指的跌幅（见图3）。

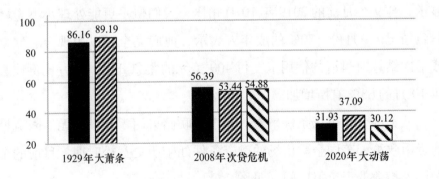

图3　美国金融市场三次大调整的比较

"大萧条"时期股指的下跌经过了 30 个月，次贷危机为 14 个月，而 2020 年 3 月开始的金融大动荡只经历了 1 个多月，按照平均每天的跌幅来看，2020 年的金融大动荡是排名第一的。为什么会有如此剧烈的下挫，根本原因在于：疫情暴发时，世界对新冠肺炎这种新病毒几乎是无知的，对市场投资者心理的冲击是巨大的，这种巨大的不确定性导致了金融市场投资者极度恐慌，才致使金融市场在极短的时间里完成了急剧的调整。这种场景是很难复制的。

在宽松的货币政策下和疫情冲击下，现在的发达经济体的金融市场不是在比谁好，而在于比谁惨的轻一点，这或许导致了投资者的投资参照系发生了变化，更多地强调从相对的观点来看待金融市场的投资价值。依据 OECD 最新的预测，相比于某些较大的新兴经济体，比如巴西、阿根廷、印度、墨西哥、南非、俄罗斯等，相比于某些发达的经济体，如英国、法国等，美国 2020 年经济下滑的幅度明显要小，在与这些经济体的相对比较中，美国经济增长还处于相对的优势。

同时，新冠肺炎疫情至今，全球感染人数急剧增长。截至 9 月 26 日，新冠肺炎感染人数突破 3200 万人，死亡人数突破 98 万人。这场人类的大灾难，对世界将产生持久而深远的冲击。欣慰的是，新冠肺炎疫苗已经在不同的经济体开始试用和使用，新冠肺炎感染的死亡率大幅度下降。投资者对新冠肺炎的冲击不再那么恐慌，投资者的风险偏好处于修复和上升期，这有助于金融市场的活跃和稳定。

最后，美国总统大选前，美国或许有进一步的经济刺激计划出台，至少在总统大选后应该会出台新一轮的经济刺激计划。还有一个关键的政策因素就是，不久再重现年初的金融大动荡，相当于彻底否定了美联储的工作，美联储也不会答应。

世界处于疫情冲击下的动荡时期，排除极端事件的发生，再现年初的全球金融大动荡的可能几乎是不存在的，因为目前尚找不到能够再次引发年初级别的金融大动荡的关键因素，但不排除局部性的债务危机出现，这会或多或少地给全球金融市场带来一定的冲击。

未来3—5年是中国证券市场
能否上大台阶的关键期

2020 年 9 月 29 日

　　新冠肺炎疫情一方面在无情地冲击世界，另一方面也给了创新者历史性的机遇。疫情冲击下，市场投资者对科技股的追捧就是明确的表示。在证券市场上，科技股和泡沫从来都是相伴的，科技股的成功最终由市场选择来决定，但市场的选择会出现错误，市场并不总是有效的。换言之，对部分科技股的错误定价是市场最终选择出成功科技股的前提，大浪淘沙就是这个意思。

　　大浪淘沙的前提是有"大浪"的存在，这个存在就是证券市场。"金融活、实体活"说明金融发展对实体经济发展有关键性的促进作用。2020 年新冠肺炎疫情冲击导致了人类出台了历史上最大规模的对冲政策，体现出"大冲击、大应对"的特征。依据 IMF 的 Policy Tracker 提供的信息，截至 2020 年 9 月 25 日，全球 196 个经济体都出台了力所能及的财政政策、货币政策以及汇率和金融市场政策，来对冲新冠肺炎疫情对经济活动和社会生活带来的负面冲击。

　　由于新冠肺炎疫情的持续时间存在不确定性，市场上有乐观的估计，也有悲观的估计，但基本结论是时间不会太短，会持续 2 年或以上。全球经济恢复将伴随着与新冠肺炎疫情的斗争。从对冲新冠肺炎疫情的宏观政策来看，与政府债务累积相伴的必然是低利率的环境。依据鲍威尔等最近关于货币政策的表述，由于美国经济恢复还有很长的路要走，向投资者重申了将在未来几年内保持超级宽松的货币政策。在全球主要经济体告别短缺经济之后，在经济全球化的背景下，即使央行过度投放货币，理性的消费者也不会过度使用货币追逐商品，而是进入资本市场。传统"菲利普斯曲线"的扁平化，致使失业与通胀之间的联系不再那么紧密，这是美联储货币政策目标由绝对的通货膨胀目标制转向平均通货膨胀目标制的核心原因，提高对通胀的容忍度来增加就业。因此，主要发达经济体的政策性低利率将会维持相当长的时期。图1给出了1946年以来主要发达经济体央行政策性利率的走势。其中欧元区央行和日本央行维持零利率和负利率已达4年之久，而从今年3月份开始美国和英国基本进入零利率时代（目前美国和英国政策性利率分别为0.13%和0.10%）。

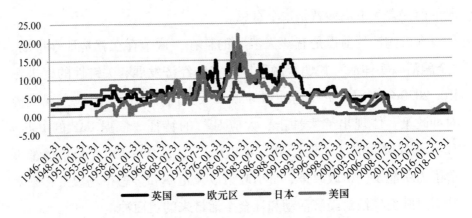

图1 主要发达经济体央行的政策性利率（%）

数据来源：BIS。

全球主要发达经济体零利率时期，也恰恰是中国金融资产变得更有吸引力的时期。中国政策性利率与主要发达经济体政策性利率之差确保了人民币汇率处于一个可以有更大政策空间的时期：不用担心利差缩小带来的短期资本外流及其汇率贬值的承压。截至 8 月底，中国央行政策性利率水平为 3.85%，远高于美英央行的接近零利率的政策性利率水平（见图 2）。

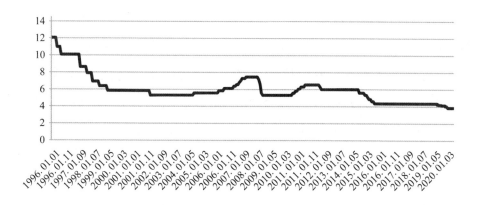

图 2　中国央行政策性利率水平的变化（%）

数据来源：BIS, Central bank policy rates – China – Monthly – End of period。

从新冠肺炎疫情来看，目前全球疫情仍处于严重时期。依据霍普金斯大学提供的数据，截至 9 月 29 日上午 8 时 23 分，全球新冠感染人数突破 3300 万，死亡人数突破 100 万。美国突破 710 万人，英国突破 44 万人。部分大的新兴经济体疫情也很严重，印度突破 600 万人，巴西突破 470 万人，俄罗斯突破 110 万人，墨西哥、阿根廷和南非分别突破 73 万人、72 万人和 67 万人。疫情的蔓延带来的"大封锁"将继续，给疫情严重的经济体的经济恢复带来巨大的困难。

中国疫情防控取得了重大战略性成果，目前基本是外部输入病例，疫情防控压力犹存，但整个经济的复工复产走在全球前列。因此，疫情防控的重大战略性成果在全球低利率环境下赋予了我们推进证券市场深度改革和大发展的历史性机遇。

中国证券市场，尤其是股票市场的改革与发展要抓住这个历史性机遇，必须客观认识下列两个基本问题。首先，不再视"热钱"如洪水猛兽。要发展国际金融中心就不能惧怕"热钱"。要加快推进资本账户的开放，较快速加大债券、股权类投资资金进入中国证券市场的额度。国际金融中心本来就是"热钱"来来往往之地，"热钱"对于校正市场价格错误也是有作用的，套利是校正资产价格的基本方式，也是提高价格与价值吻合度的市场基本工具。国际金融中心是不怕"热钱"的，因为透明化、市场化的制度安排极大地压缩和减少了市场明显的套利机会和空间。其次，科技金融要大力发展，但不能执迷于科技金融，忽视金融市场基本制度的建设。在金融市场上，技术永远也替代不了制度。P2P 等互联网金融就是一个典型的例子。当下P2P 的窘境说明了金融制度的建设要远比金融技术的创新重要。金融市场发展的本质是信用的定价，金融技术可以更好地挖掘信用信息、便利交易，但无法替代信用。设计制度约束人性中的"恶"，褒奖人性中的"善"，才能逼出来更高的市场信用，才能推动金融市场的高质量发展。

就中国股票市场来说，保护中小投资者利益是股票市场健康发展的基石。股票市场上一切制度设计都要围绕这一点来展开，当"割韭菜"成为家喻户晓的名词时，股票市场就难以成为国际一流的股票市场。最近几年来，监管机构下大力气推动股票市场的健康发展，7 月底，中国证监会召开 2020 年年中工作会议暨警示教育大会，强调落实"零容忍"要求，严厉打击资本市场违法犯罪行为。持续加大对欺诈发行、财务造假、内幕交易、操纵市场等恶性违法犯罪案件的打击力度，推动建立打击资本市场违法活动协调机制。抓好证券集体诉讼制度落地实施等措施，无疑是保护中小投资者、推动资本市场高质量发展的基础制度建设。

但在保护中小投资者利益方面还有一些重要的基础性制度迫切要进一步研究和建立。中国的股票市场要取得上台阶的大发展，必须改变"两重一轻"的股票市场上的现象。"重融资、重套现、轻分红"的行为在股票市场上屡见不鲜。一些公司大股东的迫切套现行为在股价上涨时期成为常态，而公司发布股票回购的公告也常常因为公司战略调整，以一则公告的形式不了了之。大股东的普遍、大规模的减持也意味着自己都不看好自己的企业。目前应该重新考虑设计约束大股东减持的办法，比如设定通过二级市场减持的比例，其余大部分只能够通过场外协议收购来交易，降低大股东减持对二级市场造成的直接冲击程度。不约束减持，很多制度设计的效果达不到最初的目的。中国证券市场上在 20 世纪 90 年代中后期学习借鉴了国外（美国、德国等）内部员工持股计划（ESOPs），曾寄希望改善上市公司治理、改善员工福利，但由于设计了过于短期的套现机制，结果一个类似于员工退休福利的保障计划变成了一个员工套现计划，难以起到较好的效果。此外，不分红在市场上也是常见，有些上市公司被投资者冠以"铁公鸡"之称。上市公司不分红只会鼓励市场短期投资行为，造成市场更大的波动和风险。应该设计出明确的规则，对于几年不分红的上市公司采取处罚措施，比如，可以直接设计不分红的 ST，按照 ST 的规定来处理。

只有设计出更多的保护中小投资者利益的制度安排，这个市场的发展才有基础性的根基。监管机构的基本职责就是设计保护中小投资者利益的市场制度安排，平衡大股东和小股东的利益关系。这一点，仅靠完善上市公司治理结构是做不到的。

　　未来3—5年是中国证券市场能否上大台阶的关键期。外部环境和"双循环"战略赋予了中国证券市场大发展的历史性机遇。在全球货币宽松、流动性充裕的条件下，新一轮的全球资产化时代已经来临。在住房不炒的正确政策下，在金融开放越来越大的背景下，证券市场只有打破既有的利益格局，设计出立足于保护中小投资者利益的基础性制度安排，才能把握住这难得的历史性机遇，在推动中国金融国际化和资本市场大发展上做出自己应有的重大贡献。

大选前的美股：无所适从的背后
是美元霸权的支撑

2020 年 10 月 9 日

10 月 2 日，特朗普确诊感染新冠肺炎病毒，当天美国股市三大股指 DJ、标普 500 和 NASDAQ 分别下挫 134.09 点、32.38 点和 251.49 点，当日截至收盘，DJ、标普 500 和 NASDAQ 跌幅分别为 0.48%、0.96% 和 2.22%。10 月 5 日，特朗普病情好转，重返白宫工作。美国股市视为利好，美股三大股指当日尾盘迅速拉升，DJ、标普 500 和 NASDAQ 分别上涨了 1.68%、1.80% 和 2.32%。

10 月 6 日，美联储主席鲍威尔呼吁，应该继续实施积极的财政政策和货币刺激政策帮助经济复苏，这是美联储主席首次公开就美国的财政政策直接发表看法，因为美国经济复苏仍有"很长的路要走"。并认为，"相比之下，就目前而言，做的过多的风险似乎比较小"。特朗普无视鲍威尔的呼吁，10 月 7 日在自己的推特上表示，"我已指示我的代表们停止谈判，直到大选结束。一旦我获胜，我们将立即通过一项大规模的刺激法案"。特朗普发布这一消息后，美国股市立即下跌。特朗普在推特中表示，民主党提议 2.2 万亿美元方案来救助管理不善的民主党州，这些花费与抗疫无关，共和党给出了 1.6 万亿美元的方案，但民主党对这一方案没有谈判诚意。

10月7日，特朗普一反前一日的表态，呼吁援助航空业和小企业，并支持向纳税人发放1200美元的支票，美国股市大涨，DJ指数上涨1.91%，是7月份以来最大单日涨幅。NASDAQ指数和标普500分别上涨1.88%和1.74%。

10月7日，美国国会公布了反垄断调查，特朗普政府对大公司的反垄断诉讼有了进展。经过16个月的调查，认定苹果、谷歌、脸书和亚马逊四大科技公司在关键领域拥有"垄断权"，准备对这些科技公司发起反垄断诉讼。这些大公司并不能惠及美国更多的普通民众，对大公司实施惩罚性措施，有助于获得更多普通选民的支持。

美国股市在这种大选前不断出现的各种突发消息中似乎表现得无所适从。

自从美国当地时间2020年9月29日特朗普和拜登第一场大选辩论会开始，美国总统大选正式拉开序幕。为了获得更多的选民支持，各种竞选策略和政策都将影响股市的走势。美国股市自3月23日触底反弹以来，其涨幅巨大，已经难以用"反弹"二字来表达美国股市的强劲上涨了。截至北京时间10月8日，DJ指数年初至今仅下降0.82%，而NASDAQ和标普500年初至今分别上涨26.66%和5.84%。美国三大股指的的市盈率水平已经大大超过2015—2019年的均值（见图1）。美国股市的市值已经高达49.37万亿美元。

因此，以目前的股指高位，即使美国股市出现10%—15%的回调也不会出现重大的金融风险，10%—15%回调意味着美国三大股指仍然处于不低的位置。尤其是在美国房地产市场呈现出有力支撑的背景下，美国金融财富的基本盘并不会出现明显的恶化。这也是特朗普为

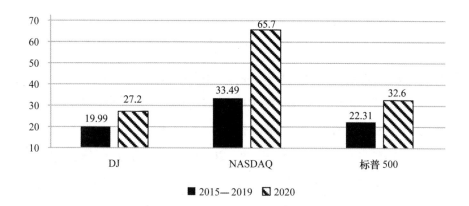

图1　美国三大股指的市盈率（TTM）

注：2020 年数据是 10 月 8 日的数据。

数据来源：WIND。

了选票，敢于折腾的重要原因。

鲍威尔 10 月 6 日在美国全国商业经济协会发表讲话时还认为，"即使政策行动最终被证明比必需的要大，也不会白白浪费。如果货币政策和财政政策继续齐头并进，为经济提供支持，直到经济明显走出困境，那么复苏就会更加强劲，行动也会更快"。只不过是民主党和共和党似乎都愿意把经济刺激计划放在大选后，在经济刺激态度上双方是一致的，但在侧重点上暂时达不成一致性的意见。

这才是我们应该关注的重点。截至目前，美国已经出台了约 2.9 亿美元的财政刺激措施。在新的未达成一致的方案中，民主党主张恢复每周 600 美元的额外失业救济金，向大多数美国人直接发放 1200 美元的支票，4360 亿美元的州和地方政府援助，并授权第二轮的小企业薪资保护计划（PPP）贷款；共和党主张每周 400 美元的额外失业救济金，2500 亿美元的州和地方政府救济以及企业保护。

不管是民主党的 2.2 万亿美元方案，还是共和党的 1.6 万亿美元方案，如此大规模的财政刺激，直接给失业者发放现金和支票，美国似乎不惧可能会带来的美元信用的下降。当然，在当前的低利率环境下，美国财政赤字规模的扩张并不会带来利息偿还费用的过大增长。事实上，与 2019 年相比，2020 年随着债务存量的急剧攀升，美国财政支付利息的费用是下降的（见图 2）。2019 年 8 月美国财政债务平均利率成本为 2.52%，到了 2020 年 8 月下降为 1.79%，利率成本下降幅度高达 29%，而这期间债务总量增加了 4.2 万亿美元。

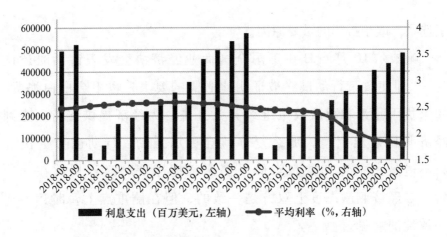

图 2　美国政府债务的利息支出和平均成本

数据来源：美国财政部，Interest Expense and Average Interest Rate。

从货币信用演进史来看，当 1973 年美国关闭"黄金窗口"后，美元与黄金脱钩，全球货币体系再无"物本位"。信用本位的实质是引入了竞争性，由于货币再也不用和黄金挂钩，信用本位也因此具有相对性。因此，对当前全球货币体系的理解本质是要区分绝对信用和相对信用。在没有绝对信用的前提下，国际货币比拼的是相对信用。

新冠肺炎疫情是一次全球性的冲击，任何一个国际货币都受到了冲击。为了抗疫，国际货币的优势就在于可以动用全球资源来抗击疫情。美元体系的"过度弹性"，甚至包括排名第二的欧元货币体系的"过度弹性"也是暴露遗疑。这是国际货币体系对全球财富再分配的一种掠夺方式。美元体系的信用变化也将取决于其他货币的信用变化，不再仅仅取决于变化了的美联储发放多少货币。事实上，2020年新冠肺炎疫情冲击下，全球主要国际货币的央行资产负债表都出现了急剧的增长。

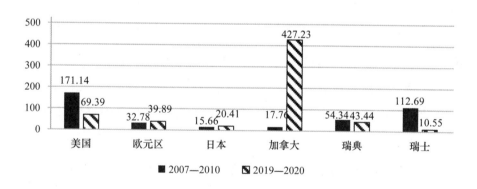

图3　全球主要发达经济体央行资产负债表两阶段的扩张幅度（%）

注：2020 年的数据，美国的截至 10 月 1 日，欧元区的截至 9 月 25 日，日本的截至 10 月 7 日，加拿大的截至 8 月底，瑞典和瑞士的均截至 9 月 30 日。

数据来源：各央行网站公布的最新数据。

相对于 2019 年年底，目前美联储的资产负债表扩张了 69.39%，欧洲央行资产负债表也扩张了将近40%，日本央行的资产负债表扩张了20.41%，而加拿大则扩张了427.23%，瑞典央行也扩张了40%多，只有瑞士央行实施了较小的扩张，扩张幅度为10.55%。因此，新冠肺炎疫情带来了全球主要发达经济体央行资产负债表的普遍的、大规模的扩张。

央行资产负债表普遍的大规模扩张，就意味着货币信用只会发生相对的变化，而不会出现某一种货币信用的独自下降。从这个角度来说，由于美国新一轮的刺激在未来不久就会出现，美联储的资产负债表还会进一步扩张，美元信用的下降速度应该不会太快。鲍威尔的讲话也暗示了美联储并没有对美元信用下降出现过多的担忧，反而强调即使过多地花钱，"钱也不会白白浪费"，只要能够助推经济复苏，就可以使用更大的刺激。鲍威尔的观点很明确，只要美国经济能够较快恢复，美联储多印点钞票，似乎不会损害美元信用。正是靠着美元国际货币体系的优势，美联储卖出了人类历史上最大的一张看跌期权，助推了美国股市的超大幅度的"反弹"。其中，NASDAQ股指还创了历史新高。这对于世界上其他经济体来说，无疑是凭借美元国际货币体系动用了全球资源；这对其他经济体，尤其是发展中经济体来说，是极其不公平的。

美元体系的"过度弹性"或许会带来美元国际货币体系占比的相对下降。比如，当前美元在全球储备货币中占62%左右的份额，如果这一比例下降几个百分点，但全球储备货币的总量增长的足够大，美元货币储备的总额还是上升的，只不过比例有一定的下降。这就意味着美元在全球货币体系中的总量还是上升的，美国人还是占了全世界便宜的。

发达经济体的央行如此扩张资产负债表，在低利率的环境下，一方面提高了部分发展中经济体借贷美元债务的偏好，带来债务的进一步累积；另一方面也会带来跨境资本流动对外汇市场的冲击。如果未来全球资产化尚无法消化吸收这些巨量的货币，美国经济中的通胀总有一天会到来。那时候，美联储提高利率，又将会引发新一轮的全球金融动荡，但这应该是几年之后的故事了。

人民币应该放慢升值的步伐

2020 年 10 月 13 日

我们认为，稳中适度有升的人民币符合双循环发展战略。但人民币过快的升值将透支驱动人民币升值的利好因素，挤压双循环战略实施的空间和时间，反而不利于双循环战略在中长期中的稳健、顺利实施。

图 1 显示，从近期来看，以收盘价计，7 月 30 日人民币汇率是 1 美元 7.0064 人民币，至今均在 7 以下运行。截至 10 月 13 日，收盘价为 1 美元 6.7534 人民币，不到两个半月的时间，人民币对美元升值了 3.61%。如果以近期央行对外汇风险准备金政策调整前的 10 月 9 日的收盘价来计，7 月 30 日—10 月 9 日，人民币对美元升值了 4.18%。

观察同期美元指数的走势，以收盘价计，7 月 30 日—10 月 13 日美元指数升值了 0.262%。这就是说，人民币在美元指数微小升值的背景下，人民币汇率走出了脱离美元指数走势的行情，单边出现了比较大幅度的升值。

金融市场为什么希望人民币升值？在金融市场上汇率是大类资产投资的方向标。人民币升值有助于提升中国经济中流动性资产的价值，助推国内金融部门的发展，这是汇率的金融功能；在对外贸易上，人民币升值不利于出口，也不利于出口行业的就业，这是汇率的

图1　近期人民币兑美元的汇率走势

数据来源：WIND。

实体功能。在汇率的金融功能和实体功能两大目标之间必须权衡，并在权衡的过程中去平衡经济的发展目标。任何大幅度的、短期的单向汇率变动都会带来明确的机会成本，因为这等于放弃了宏观多目标中权衡的权利和机会。中国经济需要避免放弃汇率目标中金融目标和实体目标之间权衡的权利和机会，因为这会带来贸易部门和非贸易部门、金融部门和非金融部门之间资本快速转换的成本，这是中国现阶段经济发展特点决定的，我们需要的是稳健的、明确的中长期结构调整。因此，近期人民币升值的速度太快了。

中国经济现阶段的现实状态是：经济复工复产全球领先，按照IMF等机构的预测，2020年中国经济是全球大经济体唯一保持正增长的经济体，这是构成人民币升值最基本的经济利好因素。从金融市场收益率来看，发达经济体的零利率甚至负利率政策保证了中国经济中的利率处于较高的水平，金融市场收益率之差是推动人民币升值的金融因素。尽管还存在其他的影响人民币升值的因素，但上述两点是最基本的，这也是构成近期人民币脱离美元指数变化强势单边升值的基础原因。

汇率升值太快会助推不合意的、甚至是无序的金融套利。这是任何一个经济体都需要避免的。人民币升值太快，会给市场投资者留下未来升值空间有限、甚至出现逆转贬值的预期。这会导致投资者在短期中加大人民币资产的配置，出现资产普涨的景象，助推资产价格过快上涨，然后在贬值的预期下，又会提前卖出人民币资产，甚至出现踩踏式的卖出。这种宏观政策视角下不合意的、甚至是无序的套利行为会导致资产价格总是呈现出比较大的波动与风险。

2020 年 10 月 10 日，央行宣布自 10 月 12 日起，将银行远期售汇业务的风险准备金从 20% 降到 0%，降低投资者或者企业购买外汇的成本，这是给人民币汇率快速单边升值降点温。市场正向解读了央行的政策：相比 10 月 9 日的收盘价，经过两个交易日，截至 10 月 13 日的收盘价，人民币对美元贬值了 0.594%，这个贬值幅度也是不小的。从中国经济新发展格局来说，双循环强调国内大循环为主体，国内国际双循环。人民币升值有利于稳外资，也因此有利于稳外贸和稳定产业链。FDI 在中国经济中的作用不言而喻：与外资有关的企业进出口占中国经济进出口的一半；技术、管理经验的溢出效应带来了更充分的竞争与激励；外资进口的中间品在某种程度上补充完善了某些产品产业链的形成，等等。依据联合国《世界投资报告 2020》中给出的证据，全球中间品贸易的 80% 是跨国公司完成的。而中间品贸易是形成全球产业链的基本要素，也是技术溢出和传播的重要途径，因为中间品贸易中很多部分是带有技术含量的资本品。

大力发展金融市场需要相对强势的人民币汇率。跨国条件下，货币只有相对更值钱，才会有更多的国际资本参与国内资本市场的发展。因此，汇率也是助推金融更高质量开放的重要价格变量。

但我们要充分理解到：双循环本质上是中国经济结构的调整，双循环要产生明显的成效起码需要 3—5 年的时间。双循环顺应了世界经济发展周期大势，有助于世界经济的再平衡发展，是中国经济的新发展格局，对于世界来说，是真诚的。而人民币汇率是中国经济实施双循环战略中最重要的价格变量，汇率要服务于国家经济新发展格局，必须有中长期的政策视角，这需要耐心和坚忍不拔。

在新发展格局下，人民币汇率只要表现出真诚、耐心与坚忍不拔，就能够更好发挥服务于中国经济中长期结构性调整的作用。有句俗话叫"心急吃不了热豆腐"，讲的大概就是这个意思。

可以尝试从货币供给侧缓解
人民币的升值速度

2020 年 10 月 16 日

    2020 年 10 月 10 日，央行宣布自 10 月 12 日起，将银行远期售汇业务的风险准备金从 20% 降到 0%，降低投资者或者企业购买外汇的成本，这是从外汇需求侧来给人民币汇率脱离美元指数走势、快速单边升值降温。

    从需求侧给人民币升值降温，必须是市场有足够的、潜在的外汇需求渴望。由于全球疫情依然严重，压制了国内市场对外汇的需求，典型的就是出国旅游等对外汇需求急剧下降，这也是与过去相比今年服务贸易逆差大幅度缩小的主要原因。

    在需求侧，市场需要外汇有两个基本用途，一是进口货物和服务；二是市场投资者的外汇投资流出。从第一个方面看，1—9 月份出口 18113.946 亿美元，进口 14853.408 亿美元，贸易顺差 3260.538 亿美元。经常账户保持着较大的顺差。从第二个方面看，央行外汇储备 1—9 月仅增加了 270.65 亿美元。这说明对外投资等资本流出依然保持了良好的态势（商务部公布的数据，1—9 月对外非金融类直接投资达到 788.8 亿美元，同比仅下降 0.6%），并没有出现过多的净"热钱"。主要是海外疫情严重，部分发达经济体金融市场的资产价格高企，正常的资金流出相对可测。

从银行外汇供需来看，依据国家外汇管理局网站 9 月 18 日公布的数据，2020 年 4—8 月结汇和售汇差额从 7 月份开始出现较小的负值，说明市场对外汇的需求基本保持了供需平衡的态势（见图 1）。

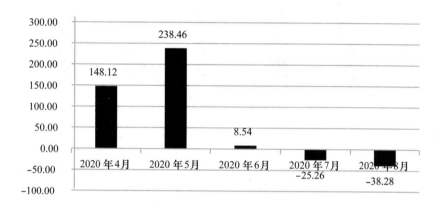

图 1　银行结售汇差额（亿美元）

但从远期结售汇的差额来看，市场美元的供给还是大于需求的（见图 2），这也是推动人民币预期升值的一个远期美元市场供给因素。

从整个经济部分基本面来看，9 月份 CPI（居民消费价格指数）同比上涨 1.7%，9 月份食品烟酒类价格同比上涨 6.4%，影响 CPI 上涨约 2 个百分点。这就是说，剔除食品烟酒类物价上涨的因素，CPI 同比涨幅是负值。从出口来说，第三季度出口同比增长 10.2%，这是在人民币升值的背景下出现的。疫情经济下的出口，汇率的作用应该降低了，更多地取决于是否具备安全的生产供给能力。

从金融市场的情况来看，依据人行网站提供的数据，截至 2020 年 6 月底，境外机构和个人持有境内人民币金融资产分别达到 24567.6 亿元人民币和 25724.23 亿元人民币，相比 2020 年 1 月底分

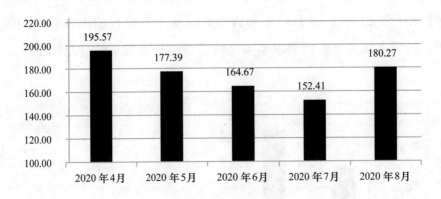

图 2　本期末远期结售汇累计未到期差额（亿美元）

别增长了 3480.65 亿元人民币和 3100.92 亿元人民币。境外投资者对人民币资产表现出了一定程度的热情，这也是中国金融高质量开放想要的结果。

　　再从今年金融大动荡时期的汇率来看，人民币汇率在 3 月 9 日—3 月 23 日的美元指数大幅度升值 8% 的背景下，人民币对美元仅贬值了不到 2.5%，是全球主要货币中贬值幅度最小的货币之一。欧元贬值幅度超过 6%、日元贬值超过 8%、英镑贬值超过 12%，等等。但疫情的不确定性导致美欧等经济体疫情至今依然处于严重的阶段，中国疫情防控取得了战略性成果，复工复产全球领先，人民币升值又具备基本面的支撑。从这个角度来说，3 月中下旬的全球金融大动荡期间，人民币应该是错过了最佳贬值窗口，导致目前升值的空间被挤压，这也导致了在美元兑人民币触及 6.7 后央行开始给人民币升值降温。

　　从世界主要经济体央行资产负债的"扩表"幅度和中外利差来看，人民币应该进入了一个具有阶段性升值的区间。由于海外疫情可能会延续较长的时间，海外央行的货币政策会因此处于放松常态化的状态，人民币也因此具备较长的阶段性升值的基本面。

从双循环战略来看，要实现贸易部门和非贸易部门的结构性调整，要促进金融高质量的开放与大发展，人民币需要一个相对长的阶段性升值来服务于经济发展战略的调整。海外疫情的不确定性也提供了这样一个战略性的契机。

因此，是美元的需求侧与人民币的供给侧发生变化，导致了最近几个月人民币的升值。市场需求侧导致的人民币升值，货币政策直接的思路就是从供给侧去调控人民币升值的速度，在可升值的空间中延长升值的时间。

央行在汇率问题上，可以改变过去应对汇率变动的"被动"方式：货币投放在一定程度上依据外汇占款来调节，同时使用汇率调节的逆周期因子。在社会经济处于常态下，这种方式无疑是可行的，可以维持汇率的相对稳定，又可以保持货币量投放按照金融和实体经济需求的节奏来实施。问题在于：最近几个月央行资产负债表的外汇占款数量很小，疫情经济与金融已经在很大程度上改变了过去的方式。央行可以尝试正向的、或者说"主动"的汇率调节方式，通过各种形式的"扩表"来应对汇率的单向、短时间的较大幅度变化，发挥央行从货币"供给侧"调控汇率的主动性。比如，央行可以进入市场适度买入外汇，增加对外汇需求，平衡外汇市场上本币与外币的供需，来防止出现短期的、单向的较大幅度升值。同时，适度"扩表"也为资产化促进资本市场的大发展提供了源头资金来源。

"双循环"新发展格局下的汇率更应该体现出全局观。汇率调控与汇率市场化改革并不是对立的。新发展格局所需要的结构性转型，可以通过财税政策来激励结构性转向，也可以通过汇率升值来实施结构性转变，两种途径在发挥市场对资源配置的决定作用上，在成本收益的衡量上，汇率政策效果也许更好，因为这是一个总价格，会给予市场参与者相同的预期。利用好汇率这个重要的价格杠杆，将有利于双循环新发展格局的形成与发展。

美国在豪赌？读懂美国宏观政策的这么"不羞涩"

2020 年 10 月 20 日

10 月 6 日，美联储主席鲍威尔在美国全国商业经济协会发表讲话时呼吁，应该继续实施积极的财政政策和货币刺激政策帮助经济复苏，这是美联储主席首次公开就美国的财政政策直接发表看法，因为美国经济复苏仍有"很长的路要走"。他还认为，"相比之下，就目前而言，做的过多的风险似乎比较小"，"即使政策行动最终被证明比必需的要大，也不会白白浪费。如果货币政策和财政政策继续齐头并进，为经济提供支持，直到经济明显走出困境，那么复苏就会更加强劲，行动也会更快"。

鲍威尔的讲话涉及两个核心问题：一是美国经济真的就那么差吗？二是美国用如此超大规模的政策刺激，宏观政策如此"不羞涩"的背后究竟有什么含义需要进一步解读？

一　美国经济当前的基本面很差吗

按照季度调整的年率来看，2020 年第一季度美国经济中的 GDP下滑 5%，第二季度下滑 31.4%（BEA 的第三次测算，见图 1）。第二季度的美国 GDP 的大幅度下滑，反映了新冠肺炎疫情对经济的剧烈冲击。2020 年 3—4 月美国发布的"居家令"（Stay at Home），直到 5—6 月才有一些州逐步解禁。同时，美国政府向家庭和企业发放了新冠肺炎大流行的援助金。因此，第二季度应该是美国全年 GDP 中表现最差的。按照彼得森国际经济研究所的最新的研究估算（Karen Dynan，The Economic Outlook：The Recovery Gets Harder from Here，October 8，2020），第三季度美国经济中的 GDP 将出现与第二季度相似幅度的环比正增长。

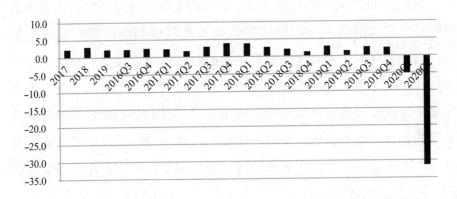

图 1　美国经济中的 GDP 环比增速（季节调整的年率，%）

从 GDP 的预测值来看，OECD 在今年 9 月份的预测中，认为美国 2020 年增长率 - 3. 8%，全球为 - 4. 5%，G20 为 - 4. 1%。另一项预测来自彼得森国际经济研究所的研究，认为 2020 年美国经济增长率也为 - 3. 8%，全球为 - 4. 4%（PIIE for 2020 - 2021，Annual - average - over - annual - average growth rates，PPP weights）。

从就业来看，由于"居家令"的实施，美国 3 月非农就业人数减少了 137. 3 万人，4 月份减少 2078. 7 万人（见图 2）。从 5 月份开始，随着一些州隔离措施的解禁，美国非农就业数据开始回升，5—9月新增就业抵补了3—4月就业数量减少的大约51.5%。美国经济中的失业率从4月份的14.7%一直下降到9月份的7.9%。9月份非农新增就业66.1万人，不及8月份的一半。

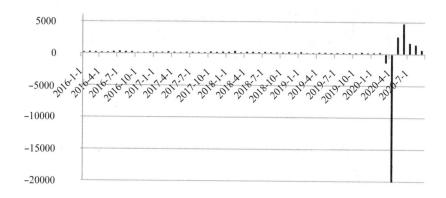

图2　美国经济中非农就业数据每月变化量（千人）

数据来源：US. Bureau of Labor Statistics。

因此，从GDP下滑来看，美国经济全年同比3.8%的下滑，相对要轻于全球经济下滑的程度，在主要发达经济体中下滑幅度是最小的。从就业来说，如果参照过去3.5%的失业率水平，当前7.9%的失业率确实比较高。但3.5%的失业率是美国历史上过去60年的最低失业率，这是一个极高的参照标准。

进一步从细化的因素来看，2020年8月美国经济中私人消费达到12.87万亿美元，相比2019年8月的约13.31万亿美元，私人消费下降了3.24%，其中，货物消费增加了5.81%，服务消费下降了7.25%。服务消费下降较大的幅度是受到了新冠肺炎疫情的冲击，尤其是"社交距离"等限制性措施，影响了服务业的消费（见图3）。

考虑到同期耐用品的消费同比增长了 11.22%，美国经济中的消费并不差（当前耐用品消费占货物消费的大约 39%）。

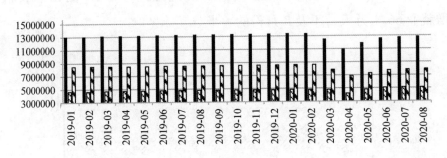

图3 美国经济中的私人消费支出（百万美元）

注：月度数据按年率季节性调整。

如果考虑到相对高的储蓄率潜在的消费能力，美国经济中消费的表现良好。8 月份美国经济中的储蓄率为 14.1%，这一水平相当于美国过去常态储蓄率的 1 倍左右（见图4）。

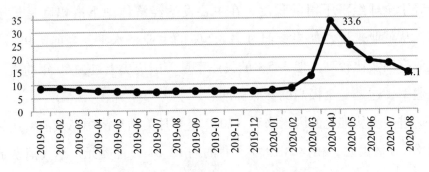

图4 美国经济中个人储蓄率（储蓄/可支配收入，%）

数据来源：US. Bureau of Economic Analysis。

美国 GDP 下滑主要是生产能力没有发挥。美国经济中设备使用率 9 月份只有 71.54%，相比 4 月份最低点 64.23% 有一定的上升，但总体处于低位。4 月份的最低点比次贷危机时期 2009 年 6 月份的最低点 66.69% 还要低 2 个多百分点（见图 5），也是自 1967 年有该指标以来有统计数据的历史最低点。设备使用率的下降与新冠肺炎疫情直接相关，疫情带来的"隔离"导致生产设备使用率处于一个较低的水平。

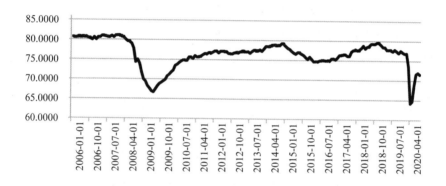

图 5　美国经济中的设备使用率（Capacity Utilization：Total Index，%）

数据来源：https：//fred.stlouisfed.org/series/TCU。

对比消费水平和设备使用率，就会发现，美国经济中进口货物数量会出现大幅度增长。图 6 显示 2015 年以来美国货物进口数量的变化，尤其是 2020 年 3—4 月"居家令"导致美国货物进口出现了大幅度的下滑，但随着财政刺激政策，美国居民的消费尚好，国内设备使用率处于低位，进口的大幅度反弹就是自然的结果。2020 年 8 月 2029.6 亿美元，这一数值基本接近 2019 年 8 月的 2119.6 亿美元的水平。

这就是我们看到的，新冠肺炎疫情导致美国企业设备使用率处于低位，生产能力没有发挥出来；财政政策刺激的消费有明显的作用，

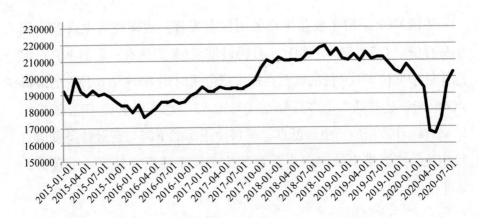

图6 美国经济中货物进口数量的变化（百万美元）

数据来源：Imports of Goods：Balance of Payments Basis，https：//fred. stlouisfed. org/series/ BOPGIMP。

因此靠进口来满足居民消费。在全球需求疲软、出口不好的背景下，美国对外贸易经常账户的逆差会不断扩大，外部不平衡问题越发严重。从中美贸易来看，2020 年 8 月美国从中国进口的货物数量已经达到 408.16 亿美元，基本接近 2019 年 8 月 411.51 亿美元的水平（见图7）。

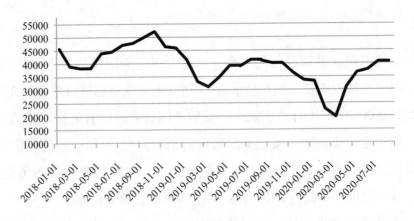

图7 美国从中国进口货物的数量（百万美元）

这就是美国经常账户货物贸易逆差扩大的原因，是疫情导致美国生产能力无法释放。2020 年 8 月美国货物贸易逆差高达 838.6 亿美元，这种不平衡是无法通过汇率来调节的。

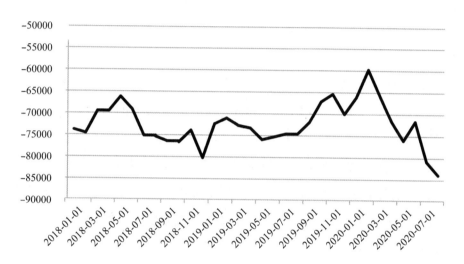

图 8　美国经济账户中货物贸易赤字（百万美元）

数据来源：Trade Balance：Goods，Balance of Payments Basis，Millions of Dollars，Monthly，Seasonally Adjusted. https：//fred. stlouisfed. org/series/BOPGTB.

美国的新冠肺炎目前的每日感染人数仍然达到 5 万人，成为美国经济恢复最大的不确定因素。依据 WHO 的数据，最近一周的死亡率基本在 1.6%—1.7%，相比 4 月份 7% 左右的死亡率已经大幅度下降，5 月份的死亡率基本在 5% 以下，新冠致死率的下降也是美国重启经济的核心原因。

至此，我们大体弄清了美国经济面临的问题：生产能力远没有达到正常水平。一轮接一轮的财政政策刺激是可以提高居民的消费，但生产能力不足，货物进口的增加会进一步导致美国经常账户的不平衡。同时，生产能力释放不足，直接抑制了投资，导致美国经济中投资下滑，最终导致美国经济出现较大幅度的负增长。

问题在于：一轮又一轮的财政刺激能够解决问题吗？这是值得怀疑的。因为生产能力的释放要取决于疫情防控的状况。疫情防控不到位，企业开工率不能很好地提高，导致失业压力，又通过财政刺激来提高居民收入，进口增加，外部更不平衡。美国这么做，得到了什么？

笔者认为，这种不重视疫情防控，不重视通过疫情防控来促进生产能力释放，美联储和美国财政部这种历史上难见的货币政策和财政政策协同，达到了两个短期效果：一是保住了资产价格，也保住了企业和投资者的金融财富，整个金融系统尚未出现大面积恶化的状态，金融系统目前还是稳定的；二是提高了美国居民的收入，刺激了消费和投资，很倔强地去维持经济不要出现更大幅度的下滑。

从中长期来看，如果二次疫情得不到较好的控制，美国企业生产能力得不到释放，美国经济只能靠新一轮的财政政策刺激消费来苦苦支撑，不可否认，消费是美国经济的核心拉动因素，在过去几十年的历史中，消费要占到 GDP 的 70%—80% 的水平。问题是：在疫情控制不好的背景下，这种增长方式是有解的吗？因为这需要一轮又一轮的超大规模的财政刺激，同时承受外部越来越大的经常账户逆差。

从这个角度来理解美联储修改通货膨胀目标的内在原因也许更有道理：美联储对通胀容忍程度的提高只是美元体系进一步使用全球资源的一环。美国多轮的财政刺激政策，不断重复使用美元的国际信用背书，这应该是美国在使用国际货币体系上的大胆博弈。美国在豪赌？

珍惜人民币升值空间，助推"双循环"战略

2020 年 10 月 22 日

2020 年 10 月 12 日起，央行将银行远期售汇业务的风险准备金从 20% 降到 0%，降低投资者或者企业购买外汇的成本，促进外汇需求，这是从外汇需求方面来给人民币较为快速的升值降温。市场正面解读了央行的措施，人民币兑美元出现了几天的波动调整，但随后人民币继续了自己的升值态势。

这一轮人民币升值最大的特点是脱离美元指数走势的升值，而且在不到 3 个月的时间里出现了比较大幅度的升值（见图 1）。以收盘价计，7 月 30 日 1 美元兑 7.0064 元人民币，此后开始了比较明确的阶段性升值，一直维持在 1 美元兑 7 元人民币以下的区间。截至 10 月 22 日的收盘价，1 美元兑 6.6651 元人民币，升值幅度为 4.87%。

以收盘价计，7 月 30 日美元指数为 92.9366，10 月 22 日美元指数 92.7931，这一期间美元指数贬值了 0.154%，美元指数变化很小，几乎没有变化。对比人民币兑美元升值接近 5% 的幅度，可以看出，此轮人民币升值是脱离美元指数的单边强势升值。

为什么人民币会出现单边强势升值？为什么恰恰是从 7 月底开始？从事后来看，笔者认为有以下几个原因可供参考。

第一，这与国际金融市场的投资者预期转变有直接的关系。2020 年 7 月底美国三大股票指数已经出现了巨大的反弹，市场指数

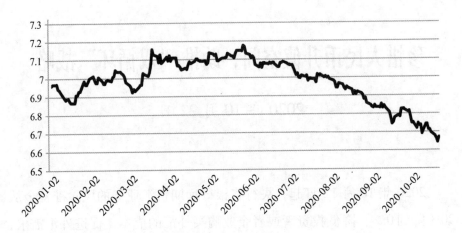

图 1 近期美元兑人民币的汇率走势（CFETS）

截图来源：WIND。

再进一步反弹的边际空间急剧收窄。以收盘价计算，7 月 31 日 DJ 指数 26428.32 点，标普 500 指数 3271.12 点，纳斯达克指数更是达到了 10745.27 点。这个点位，相对于 3 月 23 日全球金融大动荡时期的最低点已经有了很大的上涨幅度。从 3 月 23 日至 7 月 31 日，DJ、标普 500 和 NASDAQ 指数分别上涨了 42.15%、46.20% 和 56.62%（见图 2）。

因此，从美国股市来看，相对于美国实体经济的疲软，7 月底的点位已经够高，资本利得的边际收益递减。换言之，金融大动荡时期美国金融市场的虹吸效应急剧减弱。2020 年第二季度流向新兴市场的资金在逐步恢复正常的过程中，也证明了美国金融市场投资收益进入了边际快速递减区域，这也是保证全球非美元经济体的外汇市场逐步稳定的重要外部条件。

第二，从发达经济体的政策来看，其政策取向基本具有看跌期权

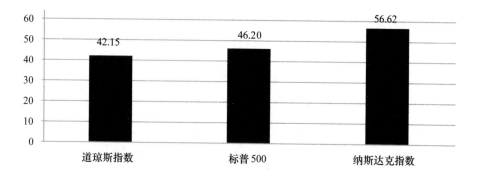

图 2　美国三大股指从金融大动荡最低点的反弹幅度

（3 月 23 日—7 月 31 日，%）

的性质，在靠政策刺激为市场和经济托底，导致发达经济体金融市场进入低市场收益率阶段。2020 年 3 月中下旬的全球金融大动荡迫使美联储卖出了人类历史上至今最大的一张看跌期权。美国股市也从 3 月 23 日左右的最低点大幅度反弹，走出了 V 形的走势。截至 2020 年 10 月 22 日中午，美国三大股指年初至今，除了 DJ 指数还有 1.15% 的跌幅外，标普 500 上涨了 6.34%，而 NASDAQ 指数上涨了 28.0%。

2020 年 3 月至今，美联储资产负债表扩张了接近 3 万亿美元，美国财政刺激也已经花费了接近 3 万亿美元，欧洲也出台了 7500 亿欧元的刺激计划。这种具有看跌期权的托底政策，使得货币处于超级宽松阶段，金融市场的利率水平处于极低的状态，甚至负利率成为常态，欧洲央行、日本央行的隔夜利率都是负值，美联储隔夜拆借利率接近零，导致全球金融市场负利率收益债券规模出现了急剧的增长。

按照目前市场对美联储等政策的解读，发达经济体将在未来几年的时间里，都基本会维持这种极低的政策性利率，以刺激经济的恢复。中国经济中的政策性利率水平与发达经济体政策性利率水平的差异，也使得人民币在即期市场上具备了升值的动力。

第三，中国抗击新冠肺炎疫情取得了战略性成果，保证了中国经济的复工复产，出口取得了超预期的业绩，中国在世界贸易中的占比也达到了历史新高。根据 WTO 公布的月度主要经济体货物贸易数据测算，1—7 月中国进出口国际市场份额为 12.6%，其中出口份额为 13.8%，进口份额为 11.3%，同比分别提升 1 个百分点、1.1 个百分点和 0.8 个百分点。进出口、出口和进口国际市场份额均创历史新高，中国经济在全球产业链中的位置得到了进一步夯实和提升，这与部分发达经济体由于疫情严重，生产能力没有得到有效释放有关。1—9 月中国对外贸易顺差 3260.54 亿美元，经常账户保持着较大的顺差，也助推了人民币升值。

第四，从中国金融市场收益率来看，目前中国债券市场的收益率保持在比较高的水平。依据 WIND 提供的数据，10 月 22 日中国国债收益率 1 年期的为 2.735%、10 年期的为 3.1703%，这与部分发达经济体的负收益率国债相比具有明显的投资价值。而股票市场，从 PE（TTM）的比较来看，也处于相对低位。截至 10 月 22 日中午，上证指数的 PE 只有 15.8 倍，深证成指为 31.8 倍，沪深 300 指数只有 15.1 倍，相对于美国股票市盈率来说是低的。考虑到中国经济的成长性，从价值投资理念来看，中国股票市场指数仍然有上升的空间。

第五，中国金融进入高质量开放的实质性阶段。今年以来金融制度的改革扩大了外资参与中国金融市场的深度和广度，中国金融改革和更高质量的开放成为共识，中国资本市场将迎来历史性的大发展机遇。金融更大的开放，将吸引更多的外国资金进入中国资本市场，这也助推了人民币升值。

第六，从实体经济资金流入来看，2020 年 1—8 月，全国实际使用外资 6197.8 亿元人民币，同比增长 2.6%（折合 890 亿美元，同比下降 0.3%；不含银行、证券、保险领域，下同）。8 月当月全国实际使用外资 841.3 亿元人民币，同比增长 18.7%（折合 120.3 亿美元，同比增长 15%），连续第 5 个月实现了单月吸收外资金额的增长。而按照联合国 2020 年《世界投资报告》预计，2020 年全球 FDI 将下降 40%。因此，中国经济吸引 FDI 可以说是逆势上扬，这对于进一步完善国内产业链、稳外贸具有重要的作用。

目前，新冠肺炎疫情导致世界经济和国际金融市场仍处于风险较高的阶段，CBOE 波动率年初至 10 月 22 日仍然增长了 107.91%，世界范围内的疫情防控压力依然很大，全球经济复苏存在重大不确定性。

因此，此轮人民币汇率脱离美元指数的单边升值，从市场上看是多种因素综合作用的结果。但本质原因是：海外经济依然受到疫情的严重冲击，而中国在逆全球化的背景下，坚定不移地选择了实施更大、更高质量的开放，中国经济的开放性和成长性给人民币升值带来了根本的信心。

随着新冠肺炎疫苗逐步在全球范围内的试用和使用，人类最终将战胜疫情。中国经济要珍惜人民币的升值空间，也就是要拉长人民币升值的时间。在可承受的升值空间中，给足人民币升值的时间，释放出稳健的、最有效的改善国内贸易部门和非贸易部门、金融部门和非金融部门的结构性调整能力，发挥好汇率的杠杆作用。应避免任何短期内的汇率过快调整，汇率过快调整一方面带来了短期的汇率杠杆作用发挥过急，资金在部门之间较短时间的转化不利于寻求到最佳的资源配置方式，会出现不合意的沉没成本；另一方面也过快地透支了外部的货币宽松环境和中国经济向好的预期，挤压了中国经济中长期结构性调整的政策实施空间。同时，从企业来说，人民币过快的升值，会快速改变企业结汇售汇行为，企业更倾向于即期结汇和远期售汇，两者的不平衡反而会助推人民币市场汇率更快的升值。

人民币汇率在双向调整中走出一个相对长期的升值区间，应该是最符合中国经济"双循环"发展战略的，适度调控汇率走势的节奏是理性的政策选择。

人民币应该已经进入双向波动中的升值阶段

2020 年 10 月 26 日

笔者认为，两个基本因素助推人民币应该已进入双向波动中的升值阶段。第一，海外新冠肺炎疫情严重，全球疫情经济助推人民币升值。换言之，此轮人民币升值具有疫情汇率的特征，即海外疫情没有明显的好转，人民币就存在被推动升值的助力。第二，新发展格局的政策预期引导人民币有升值的倾向，适度稳中有升的人民币汇率符合"双循环"发展战略。按照目前市场的预期来看，海外疫情的反复，说明了全球疫情问题大概率不是短期中能够解决的；"双循环"新发展格局是中国经济长期结构性的调整与提升。因此，人民币具备了在双向波动中进入升值阶段的基本驱动力。

回顾此轮从 7 月底开始的人民币的升值，可以看出是脱离美元指数的单边强势升值。从 7 月 30 日至 10 月 23 日，美元指数贬值了 0.21%，人民币兑美元升值了 4.57%。不到 3 个月的时间，人民币脱离美元指数升值了 4.57%，应该是一个不算小的升值幅度。

一 疫情汇率：助推人民币升值的几个基本因素

疫情经济助推人民币升值的因素，既包括金融因素，也包括实体经济的经常账户顺差因素。这些因素主要是美国金融市场虹吸效应减弱、中美金融市场收益率差和海外生产能力的释放不足。

首先，美国金融市场的虹吸效应大幅度下降，进入边际收益率快速递减的区域。今年3月9日至3月23日全球金融市场的暴跌，导致流动性恐慌，在全球金融危机一触即发时，美联储通过零利率、无上限宽松以及直接进入市场购买金融资产等方式，使得全球金融市场基本在3月23日左右触底，随即开始了反弹。依据IMF（WEO，April）的数据，流动性恐慌导致了新兴经济体超过1000亿美元的资金回流美国，新兴经济体出现了典型的资金流向逆转，金融失衡导致很多新兴经济体的货币出现了较大程度的贬值，有些货币的贬值幅度超过了20%，带来了外汇市场的剧烈动荡。

5月15日是美元指数上100的最后一个交易日，截至10月23日，美元指数为92.74。美元指数的走软也代表了国际金融市场美元流动性的充裕。随着美国金融市场流动性的逐步充裕，美国股市也走出了超大的反转走势，NASDAQ指数不断创历史新高。而依据IMF的预测，美国经济2020年增长率为-3.8%，美国金融市场在持续上演疫情经济与疫情金融的大脱离。3月23日美国股市触底至10月23日，美国股市基本抹平了疫情冲击带来金融大动荡的跌幅，而且标普500和NASDAQ出现了年初至今的7.26%和28.71%涨幅，只有DJ指数还有-0.71%的微小跌幅。

从分阶段的涨幅来看，以收盘价计，金融大动荡低点3月23日至7月31日的涨幅是巨大的，这一期间美国三大股指的涨幅均超过3月23日至10月23日的80%（见图1）。换言之，人民币出现脱离美元指数走势的升值是发生在美国股市已经从最低点至今涨幅的80%以后发生的。因此，在美国股市投资出现边际收益快速递减的时期，美国股市对全球的虹吸效应明显减弱。截至 10 月 23 日，美国股票市值逼近 50.2 万亿美元，这样一个巨量的股票市场对全球资金的虹吸效应是巨大的。

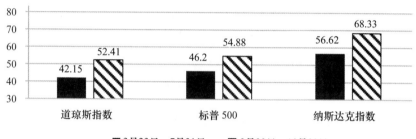

图1 美国股市三大股指分阶段的涨幅（%）

数据来源：WIND。

其次，发达经济体金融市场维持了极低的收益率，中美金融市场收益率差维持在相对高位。从美国金融市场债券收益率来看，美国国债收益率近期虽有所上升，但仍然维持在低位。依据 WIND 提供的截至 10 月 25 日上午的数据，中美 1 年期到 10 年期国债收益率之间存在明显的收益率差，四个期限的中美国债收益率差的平均值达到 2.535%（见图 2）。

如果进一步从其他发达经济体国债收益率来看，很多重要经济体国债收益率是负值。从欧元区、日本、德国的国债收益率来看，除了日本 10 年期国债维持 0.034% 的微弱正收益率外，其余的均是负值，而且更严重的是利率的期限结构收益率扁平化，1—5 年期国债收益率即使是负值，也是很接近的（见图 3），这反映出市场对于经济复苏的前景很不乐观。从这一点上看，市场对欧元区、日本和德国的经

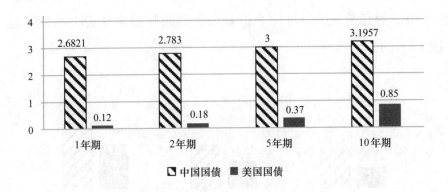

图2 中美不同期限国债收益率差（10月25日，%）

济预期尚不如对美国经济的预期。

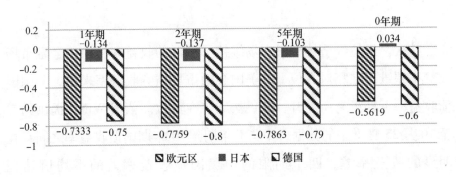

图3 欧元区、日本和德国不同期限的国债收益率（%）

国债收益率作为市场最低层级的收益率，在很大程度上能够反映市场对风险资产价格的定价和收益率的变动及其幅度变化。此外，政策性利率水平是反映央行意愿的市场基础收益率。从政策性利率来看，中国央行的政策性利率水平明显高于部分重要发达经济体的政策性利率水平，中国央行应该是目前全球重要经济的保持货币政策常态化的央行，也是保有货币政策空间最充足的央行（见图4）。

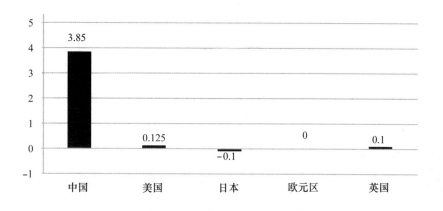

图4 全球部分重要经济体的政策性利率（%）

数据来源：BIS。

最后，从经常账户顺差来看，疫情经济背景下中国维持了高的货物出口顺差，这是助推人民币升值的实体经济因素。从今年的出口顺差来看，由于海外疫情和文化交流的逆全球化带来服务业贸易的下降，如旅游、留学等过去服务业贸易逆差大幅度收窄，也使得整体贸易顺差出现了超预期的增加。1—9月中国对外贸易顺差高达3260.54亿美元，经常账户保持着较大的顺差，也助推了人民币升值。

从中美双边贸易来看，美国对中国货物的进口在今年3月份达到最低点，只有去年同期的63.53%，而到了8月份从中国的进口基本达到了去年8月份的水平，单月货物进口408.16亿美元（见图5）。

美国进口的快速恢复主要原因是美国财政政策一轮接一轮的刺激，带动了美国经济中消费的快速提升。2020年8月美国经济中私人消费达到12.87万亿美元，相比2019年8月的约13.31万亿美元，私

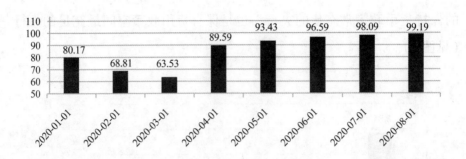

图5 美国2020年1—9月每月从中国进口占2019年同月的比例（%）

人消费仅下降了3.24%，其中，货物消费增加了5.81%，服务消费下降了7.25%。服务消费下降较大的幅度是受到了新冠肺炎疫情的冲击，尤其是"社交距离"等限制性措施，影响了服务业的消费。考虑到同期耐用品的消费同比增长了11.22%，美国经济中的消费并不差（当前耐用品消费占货物消费的大约39%）。那么问题就出现了：美国居民消费恢复得不错，但生产能力没有得到释放。2020年4月美国经济中设备使用率相比2019年4月同比下降了17.4%，出现了深度下滑，这显然是疫情冲击带来的直接结果。相比2019年7—9月来说，2020年7—8月的设备使用率基本保持在下滑7.5%左右（见图6）。

从另一个相关的数据来看，目前美国工业生产指数为101.5，不及年初接近110的指数水平（见图7），说明美国经济中的供给端的能力没有得到正常的释放，9月份失业率7.9%也是一个重要的证据。

因此，美国经济中需求端和供给端的不匹配，导致了美国进口维持高位，美国经常账户货物贸易赤字并没有减少。依据美联储圣路易斯分行网站提供的数据，2019年1—8月美国货物贸易赤字5899.1亿美元，2020年1—8月为5757.6亿美元，接近去年同期的水平。考虑到今年前三季度美国GDP增速与去年同期相比较大幅度的下滑，以

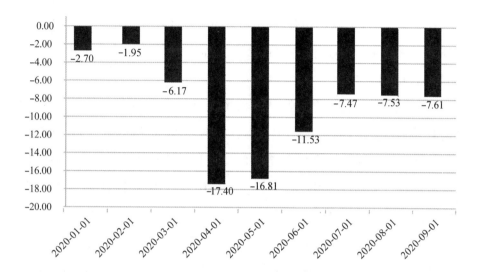

图6　2020年1—9月美国经济中设备使用率的下降幅度（同比，%）

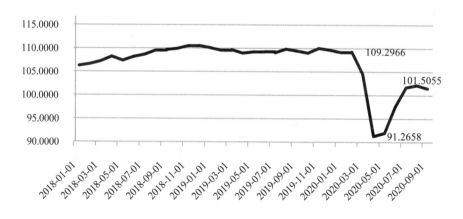

图7　近期美国工业生产指数的变化（2012＝100）

数据来源：Federal Reserve Bank of St. Louis，Industrial Production：Total Index，Index 2012 = 100，Monthly，Seasonally Adjusted.

及 2020 年 1—8 月美国经济中货物出口与去年同期基本持平的背景（2020 年 1—8 月货物出口仅比 2019 年 1—8 月减少不足 4.3 亿美元），美国经济中货物贸易还保持着这么高的赤字水平，与美国刺激消费的政策是直接相关的。

2020 年 7 月美国经常账户货物贸易逆差突破 800 亿美元，达到 808.13 亿美元。这是美国历史上首次单月货物贸易逆差突破 800 亿美元，即使是在 2008 年次贷危机期间，美国单月货物贸易逆差最大值为 776.28 亿美元（2008 年 7 月）。2020 年 8 月货物贸易逆差达到 838.6 亿美元，再创单月货物贸易逆差高点。从中美双边的货物贸易来看，由于中国目前的贸易顺差呈现出非常明显的结构性特征：对美欧是大顺差，对其他经济体基本是逆差或者很小的贸易顺逆差。图 8 显示了中国对美国货物贸易顺差占美国货物贸易逆差的比例变化，截至 2020 年 8 月份，占比已经略超 2019 年的同期水平，这还是在 2020 年中国积极履行中美贸易磋商第一阶段协议，努力加大进口美国商品的背景下出现的。

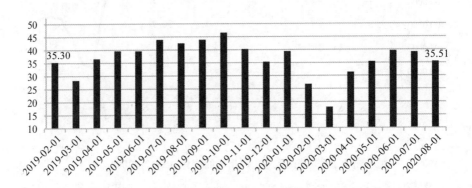

图 8 美国对中国货物贸易逆差占总货物贸易逆差的比例（%）

数据来源：笔者依据 Federal Reserve Bank of St. Louis 网站提供的相关数据计算。

在不久的将来，市场预期美国还有新一轮的大规模财政刺激，在疫情防控不到位，美国生产能力得不到有效释放以及财政刺激消费的政策背景下，中美货物贸易逆差很难大幅度缩小。目前欧洲疫情出现了第二次反复，也同样压抑了欧洲经济生产能力的释放，欧洲的刺激政策也会带来进口的增加。因此，贸易顺差的持续性决定了人民币具有升值的助力。

二 "双循环"新发展格局：更大的开放助推了人民币升值

"双循环"新发展格局要求中国经济更大的、更高质量的开放，形成以国内大循环为主、国内国际双循环畅通的新发展格局。这就要求国内要素市场和产品市场得到更客观的市场定价，进一步发挥市场配置资源的决定性作用，提高生产效率。长期中货币要走出升值周期要求相应的劳动生产率的提高。从中短期来看，也存在助推人民币升值的几个因素。

首先，从实体经济来看，中国经济吸引 FDI 逆势上扬。2020 年1—8 月，全国实际使用外资 6197.8 亿元人民币，同比增长 2.6%（折合 890 亿美元，同比下降 0.3%；不含银行、证券、保险领域，下同）。8 月当月全国实际使用外资 841.3 亿元人民币，同比增长18.7%（折合 120.3 亿美元，同比增长 15%），连续第 5 个月实现了单月吸收外资金额的增长。而按照联合国 2020 年《世界投资报告》预计，2020 年全球 FDI 将下降 30%—40%。因此，中国经济吸引 FDI可以说是逆势上扬，这对于进一步完善国内产业链、稳外贸具有重要

的作用。从分行业的数据来看,1—8 月服务业实际使用外资 4766.1
亿元人民币,同比增长 12.1%;高技术服务业同比增长 28.2%,其
中,信息服务、研发与设计服务、专业技术服务、科技成果转化服务
同比分别增长 24%、47.3%、111.4%、20.2%。高技术服务业 FDI
的大幅度增长,也反映了中国经济中高新技术服务领域存在显著的风
险溢价收益,才吸引了外部资金的流入。

其次,中国大力发展资本市场也吸引了资金的流入。要降低整个
经济的杠杆率,尤其是微观企业的杠杆率,必须要有相应的股权资
本。股权资本的发展是平衡企业规模扩张与财务杠杆风险之间的唯一
的基础路径,这需要有相应的多层次的证券市场,来完成企业股权资
本的注入。目前,中国证券市场迎来了历史性的大发展机遇:宽松的
货币使得全球迎来了新一轮的资产化时代。在这样一个历史背景下,
大力发展证券市场对于经济财务杠杆风险的管理、对于鼓励企业创新
是恰逢其时。

今年以来,中国金融市场进入了实质性开放阶段。对外资持股金
融机构的比例限制、对资金流入额度的限制等都做了大幅度的负面清
单管理。证券市场注册制的试点和推广的步伐在明显加快,整个证券
市场正在按照"建制度、不干预、零容忍"的原则加快发展资本市
场。随着证券市场基础制度的不断改进和完善,中国经济的成长性以
及现在整个股市相对具有投资价值的实际,会吸引资本流入中国证券
市场。2020 年第二季度以来,金融账户是顺差,外资持有中国债券
和中国股票市值也出现了一定幅度的增长。资本的流入也是助推人民
币升值的重要因素。

最后,人民币的国际化成为未来中国经济必须面对的问题,而且
这个问题越来越迫切。目前全球央行人民币互换的规模已经突破 3.5

万亿元，人民币在全球储备货币中占比只有2%多一点。中国金融对世界经济的影响力远远小于中国制造对世界的影响力。根据WTO公布的月度主要经济体货物贸易数据测算，1—7月中国进出口国际市场份额为12.6%，其中出口份额为13.8%，进口份额为11.3%，同比分别提升1个百分点、1.1个百分点和0.8个百分点。进出口、出口和进口国际市场份额均创历史新高，中国经济在全球产业链中的位置得到了进一步的夯实和提升。中国制造业增加值占全球的28%，但2010—2016年间金融服务业出口占全球金融服务业出口的占比年均值不足1.5%（来自OECD的数据）。中国实体经济与中国金融在全球影响力是极不对称的，贸易货币的错配带来了大规模的汇率波动风险。

要逐步平衡这种贸易影响力和金融影响力，就需要大力发展资本市场。资本市场的大发展也是人民币国际化的基础。外国人为什么需要人民币，就如同我们为什么需要美元。无非两个基本原因：买国外的东西以及投资国外。从产品贸易来看，中国具备了需求侧人民币定价权的一定实力。铁矿石等大宗商品购买以人民币计价、原油人民币期货定价等，都是需求侧的人民币国际化方式。随着中国制造在全球影响力的快速提升，外国人也需要人民币来购买中国产品，这是供给侧的人民币国际化。因此，贸易账户下人民币计价交易占比的提升将可以有效提高人民币的国际化。

另一个方面是投资，外国人也需要用人民币在中国投资。从此轮金融全球化开始，以FDI或者ODI形式的跨境投资收益率是显著高于全球GDP增长率的（见图9），跨境投资仍然是企业愿意追求的一种投资方式。

投资的另一种形式是金融资产的跨境投资，中国金融市场能够提供优质的金融资产越多，别人就越喜欢用人民币。用人民币直接来投

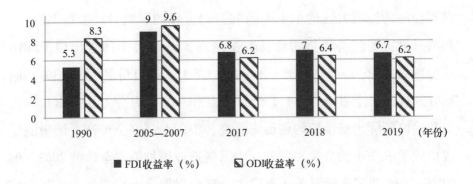

图9 全球不同年份 FDI 和 ODI 的投资收益率（%）

数据来源：UNCTAD, World Investment Report 2020。

资中国金融市场，就规避了货币错配的汇率风险，金融提供足够深度和广度的优质金融产品，规避货币错配汇率风险的优势就会越发体现出来，人民币就会受到越来越多的国际投资者的喜欢。同时，人民币升值也会带来国内资产价值的相对提升，人民币资产的吸引力就会增强。这两者会助推人民币的国际化上台阶，去逐步平衡中国实体经济和金融在全球的影响力。

总体上看，疫情汇率的延续与"双循环"新发展格局的深化会带来此轮人民币的升值应该具有较长的阶段性。随着人民币汇率市场化改革的深入，汇率走势类似金融市场资产价格走势一样，也会呈现出随机游走的性质，但在上述两大基本因素的驱动下，这个阶段是带有时间趋势的随机游走过程，这个时间趋势代表了升值的轨迹。至于人民币升值到何时以及升值到何处，无法预测，因为这将取决于海外疫情变化的情况和"双循环"政策实施引领市场投资者对人民币升值预期的程度。

人民币参与全球货币治理体系的
变革已经在路上

2020 年 10 月 28 日

中国经济在未来发展中面临的一个迫切的问题是：人民币的国际化。人民币国际化在某种程度上就是全球货币治理体系的变革。通过人民币国际化去平衡中国实体经济和中国金融在全球的影响力，就可以大幅度减少跨境贸易、跨境投资活动中货币错配带来的汇率风险。

目前全球央行人民币互换的规模已经突破 3.5 万亿元，人民币在全球储备货币中的占比只有 2% 多一点。中国金融对世界经济的影响力远远小于中国制造对世界的影响力。中国经济目前的进出口、出口和进口国际市场份额均创历史新高，中国经济在全球产业链中的位置得到了进一步夯实和提升。中国制造业增加值占全球的 28%，但 2010—2016 年间金融服务业出口占全球金融服务业出口的占比 2010—2016 年均值不足 1.5%（来自 OECD 的数据）。中国实体经济与中国金融在全球的影响力是极不对称的，贸易货币的错配带来了大规模的汇率波动风险。

要逐步平衡这种贸易影响力和金融影响力，就需要大力发展资本市场。资本市场的大发展是人民币国际化的基础。让外国人用更多的人民币面临两个基本问题：提供优质产品、提供合意的实体经济收益率以及优质的金融产品。从产品贸易来看，中国经济具备了需求侧人民币定价权的一定实力。铁矿石等大宗商品购买以人民币计价、原油人民币期货定价等，都是需求侧的人民币国际化方式。随着中国制造在全球影响力的快速提升，外国人也需要人民币来购买中国产品，通过技术创新以及特殊禀赋提供外国人只有到中国才能买到的产品。

下面再来分析供给侧的人民币国际化。贸易账户下人民币计价交易占比的提升将可以有效提高人民币的国际化，金融账户下人民币账户的自由化是第一步。做到让外国人需要人民币来中国投资实体经济。

从这一轮金融全球化开始，以 FDI 或者 ODI 形式的跨境投资收益率是显著高于全球 GDP 增长率的（UNCTAD，World Investment Report 2020），跨境投资仍然是跨国公司愿意追求的一种投资方式。从中国经济的成长性来看，外资在中国的 FDI 取得了非常不错的收益率，这也是中国连续多年成为全球第二大吸引 FDI 经济体的根本原因。

努力做到让外国人需要人民币来中国投资金融市场。中国金融市场能够提供优质的金融资产越多，别人就越喜欢用人民币。用人民币直接来投资中国金融市场，就规避了货币错配的汇率风险，金融市场提供足够深度和广度的优质金融产品，规避货币错配汇率风险的优势就会越发体现出来，人民币就会受到越来越多的国际投资者的喜欢。人民币升值也会带来国内资产价值的相对提升，人民币资产的吸引力就会增强。这两者会大力助推人民币的国际化上台阶，去逐步平衡中国实体经济和金融在全球的影响力。

从全球范围来看，对冲疫情冲击的全球宏观政策形成了全球货币的超级宽松期。世界经济引来了货币资产化的大时代。在这样一个资产化大时代的背景下，人民币的资产化和国际化进程会加快。通过深圳试点资本账户自由化、汇率形成市场化，吸引越来越多的国际机构入驻深圳，大力发展资本市场，并依托粤港澳大经济区的平台，形成一个与国际接轨的开放型金融新体制样板，发挥以点带面的辐射作用。人民币参与全球货币治理体系的变革已经在路上。

有雨，但应该没有暴风雨：
近期国际金融市场的调整

2020 年 11 月 2 日

2020 年 10 月美国股市三大股指进行了一定级别的调整。美国三大股指基本在 10 月 12 日达到高点，随后在双向波动中下行。截至 10 月 30 日，以收盘价计，美国三大股指道琼斯指数、纳斯达克指数和标普 500 指数的跌幅分别为 8.10%、8.12% 和 7.48%，调整幅度有逼近 10% 的调整级别，市场上也随即出现了新一轮金融动荡即将到来的预期。如何看待最近一次的国际金融市场资产价格调整？这次调整会重演今年 3 月 9 日至 3 月 23 日的国际金融市场大动荡吗？

排除不可预期和不可控因素，笔者认为：新冠肺炎疫情风险升级和美国总统大选的不确定性是这次调整的主要原因，全球金融市场应该不会重演今年 3 月中下旬的全球金融大动荡。

从 10 月 29 日公布的美国第三季度的数据来看，美国第三季度 GDP 环比增长 33.1%。消费、商业和住宅投资的增加以及出口回升推动了第三季度 GDP 的大幅度反弹，9 月份的失业率下降至 7.9%，经济回升的主因是美国财政和货币政策的刺激。但在疫情风险升级的背景下，如此高的恢复速度难以为继，同时由于美国总统大选，新一轮的财政刺激计划要等到 11 月份大选之后才会出现。因此，近期疫情风险升级和大选带来的政策刺激"空窗期"共同导致了美国股市的向下调整。欧元区第三季度环比增速也达到 12.7%，经济反弹也远超预期，但由于疫情风险升级，欧元区重要经济体的单日新增病例创新高，给欧元区经济带来了不确定性。

这一次的调整与 3 月份的金融大动荡呈现出不一致的特征。金融大动荡时期是暴风雨冲击下的"泥沙俱下"，整个市场找不到任何可以对冲风险的金融工具。而这一次金融市场的调整方向和烈度，从大类资产来看，明显有别于 3 月金融大动荡时期的情形。

从市场流动性来看，美元指数在 10 月 30 日再上 94，收盘价为 94.0317，相对于 10 月 12 日上涨了 1.06%。美元指数这个涨幅显示市场流动性没有出现问题。从 3 月 5 日到 10 月 28 日，美联储的总资产扩张了大约 2.9 万亿美元，而且股本高达 750 亿美元的主街计划目前仅完成了 37 亿美元的贷款。与去年年底相比，欧洲央行的总资产也增加约 2.1 万亿欧元。市场流动性是充裕的。这一点也可以从新兴经济体的外汇市场得到验证。从第二季度开始，流向新兴经济体的资金朝着正常方向发展，全球市场的整体流动性保持良好。在这一轮股市调整期间，墨西哥比索、泰铢、卢布等货币表现得相当平稳，没有出现单向的、大幅度的贬值。

从大类资产来看，依据 WIND 提供的数据，以收盘价计，COMEX 黄金从 10 月 12 日至 30 日下跌了 2.52%，伦敦金现也下跌了 2.29%。截至 10 月 30 日，年初至今 COMEX 黄金和伦敦金现分别出现了 23.61% 和 23.78% 的涨幅。近期金价的相对高位下跌说明整个市场尚没有出现强烈的避险情绪倾向。

从大宗商品价格波动来看，原油价格出现了比较大的跌幅。依据 WIND 提供的数据，以收盘价计，10 月 12 日至 30 日，ICE 布油和 ICE WTI 原油分别出现了 9.45% 和 10.38% 的跌幅（见图 1）。截至 10

月 30 日收盘，ICE 布油和 ICE WTI 原油的价格分别为 37.86 美元/桶和 35.67 美元/桶。原油价格的下跌主要是经济需求的疲软和某些产油国增加产量（目前美国原油产量每日约 1100 万桶，库存接近 5 亿桶，处于历史的高位）。全球总需求的疲软是油价下跌的主因。10 月 28 日 EIA 发布了从阿拉伯湾到日本的油轮运价（这是全球重要的油轮航线之一），2020 年 9 月份处于 2003 年以来的运费的最低点。

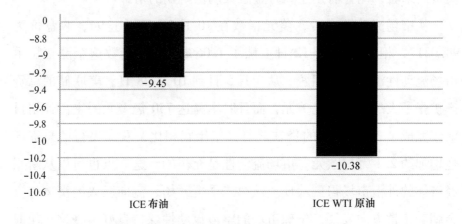

图 1　国际市场原油的跌幅（10 月 12—30 日，%）

从全球部分重要的股市来看，10 月 12 日至 30 日期间，在美股三大指数出现 8% 左右的跌幅时，也普遍出现了下跌。其中德国 DAX 指数跌幅达到 12.04%，其他股市的跌幅均小于美国股市的跌幅。欧洲股市整体出现了比较大的跌幅，这与疫情风险升级有直接的关系，欧洲成为这一轮疫情风险升级的中心。10 月 28 日德国宣布从 11 月 2 日起至 11 月底在全境关闭大部分公共设施、餐饮娱乐场所、限制个人出行等多项措施；法国 10 月 30 日开始全国第二次"封城"，为期 1 个月；英国 10 月 31 日也宣布为期 1 个月的封城。对比之下，疫情防控做得好的亚洲的主要股市跌幅相对要小不少。日经 225 指数仅下跌

了 2.47%，上证指数也只下跌了 3.99%，但韩国综合指数下跌了
5.68%（见图 2）。

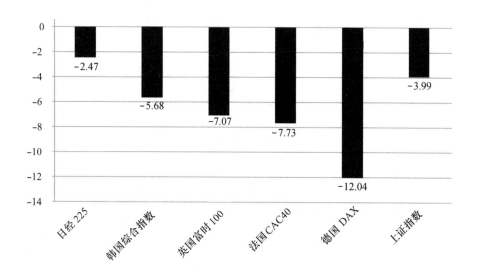

图2 部分重要股市的下跌幅度（10月12—30日，%）

从美国国债的收益率来看，出现了 2 年期及以下期限债券收益率
下降，3 年期及以上期限债券收益率上升的局面（见图 3），并没有出
现国债收益率都上升的抛售国债资产的市场行为。这种 2 年期及以下
期限国债收益率的下降和 3 年期及以上期限国债收益率的上升，导致
了美国国债收益率曲线的陡峭化。从一般意义上来说，在当前的态势
下，长期债券收益率上升也许并不是坏消息，这是一个正向的利率期
限结构，反映了市场投资者对未来增长有更高的预期。但有一种情况
要排除在外，如果中长期债券收益率的上扬是由于市场投资者集中抛
售中长期美国国债导致的，那这种收益率的上扬并不能代表市场利率
期限结构所表达的正向预期含义。

美国股市此轮的调整，发生在美国新一轮财政刺激计划尚未到来

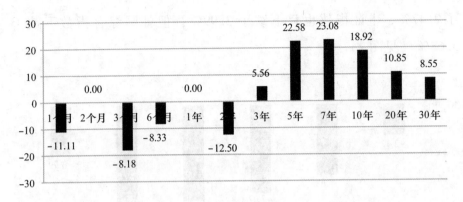

图3　美国不同期限国债收益率的变化幅度（10月13—30日，%）

时，美联储在10月30日调整了主街贷款的下限，鼓励规模更小的贷款，来试图平稳股市。修改的要点是：向营利性和非营利借款人提供的三个主要街道设施的最低贷款额从25万美元减至10万美元，并已调整费用。这对于市场来说，无疑具有积极的作用。央行通过稳定金融市场，促进经济的恢复已经成为当下欧美货币政策的要点。

但从引领美国股市上涨的苹果等大型科技股公司股价波动来看，这些公司季度业绩超市场预期，但仍出现了股价较大幅度的下降，这应该是整个股票市场短期见顶的重要信号之一。欧美疫情风险升级，经济和金融市场的高风险还在继续。国际金融市场流动性危机的解除，在疫情的持续冲击下，金融市场的风险已经在逐步转向了个人和企业偿付方面。因此，美欧的宏观政策尚未脱离政策救助阶段，宏观政策的看跌期权就是要防止出现流动性风险向偿付风险的实质性转化。在这个意义上，唯一的办法是财政继续花钱，直到疫情可控，并战胜疫情。

钱不能停，停了就要出事。

资产价格已经成为美联储货币政策关注的要点

2020 年 11 月 5 日

　　资产价格是否应该成为货币政策关注的目标，货币政策理论上多有争议。但不论货币政策理论的争议如何，现实问题是：金融市场资产价格已经成为美联储关注的要点。其原因主要有两点。第一，美国家庭财富和企业资产负债表越来越依赖于金融资产的财富，金融资产价格的下跌直接影响美国家庭和企业的资产负债表质量。换言之，金融资产价格变动对美国家庭和企业的资产负债表影响很大，会通过资产负债表效应影响美国经济中的消费和投资。第二，随着新冠肺炎疫情风险的持续冲击，越来越多的企业需要通过资本市场融资，这种筹资的现金流对满足当前美国企业生产经营等所需的现金流是极其重要的，是决定企业生存和扩张的重要条件。上述两点是决定美国经济能否复苏以及复苏多快的基础因素，决定了美联储对美国金融市场资产价格变动的关注度将达到历史新高。或者说，资产价格已成为美联储货币政策关注的要点。

　　依据美联储近期公布的 2019 年消费者金融数据（September 28, 2020，以 2019 年的美元计价），美国社会中家庭财富处于底层的 50% 的家庭平均持有的总财富为 9.4 万美元，处于中间 40% 的家庭平均持有 74 万美元的总财富；在处于最上层的 1% 家庭平均持有财富 2897.3 万美元，10% 上层中剩下的 9% 的家庭平均持有 413.4 万美元的财富。

从持有财富的结构来看，在底层50%的家庭中，金融财富和房产占比分别为8.51%和22.34%；中间40%的家庭中金融财富和房产占比分别为12.03%和22.97%；处于上层9%的家庭中金融财富和房产占比分别为22.71%和12.70%；处于最上层的1%的家庭中金融财富和房产占比分别为36.45%和7.20%（见图1）。从图1中我们可以看出，财富越低的家庭，房产财富占比越高；财富越高的家庭，金融资产财富占比越高。这就是说，在美国，股市下跌财富受损程度最大的是10%的富裕家庭；房市价格下跌财富受损程度最大的是50%的贫困家庭。

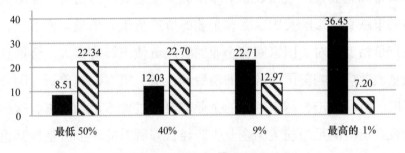

图1　美国不同家庭持有金融资产和房产占总财富的比例（%）

数据来源：Federal Reserve Board，2019 Survey of Consumer Finances。

可见，不管是从股市，还是从房市来说，哪一个大幅度的下跌都会出现金融大动荡，这都是美联储以及美国经济无法承受的。

从企业持有的金融资产财富结构来看，金融资产基本占据了非金融类企业总资产的44%—45%。其中，房地产资产占比约70%，股票资产约占11%（见图2）。房地产资产的名义价值占据了绝对重要的位置，结合上述美国 50% 的家庭房地产财富占总财富超过 22% 的比例，房地产价格的稳定是美国金融市场资产价格稳定的重要基础。

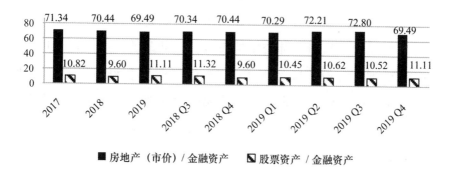

图2　美国非金融企业房地产和股票占金融资产的比例（%）

从实际数据来看，截至 2020 年 8 月，标普/凯斯—席勒美国全国房价指数高达 221.78，美国房地产市场价格维持着相当强劲的态势（见图3）。

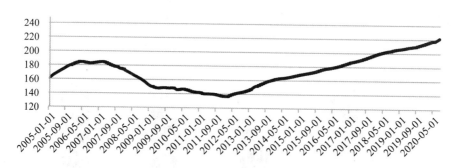

图3　标普/凯斯—席勒美国全国房价指数（2000 年 1 月 = 100）

数据来源：Federal Reserve Bank of St. Louis，S&P/Case - Shiller U. S. National Home Price Index，Index Jan 2000 = 100，Monthly，Seasonally Adjusted。

因此，不管是从家庭资产负债表，还是从企业资产负债表来看，金融市场的资产价格在美国经济中具备举足轻重的作用，美国经济中居民和企业金融资产价格变动的资产负债表效应是非常强的。

当前美国经济面临的一个核心问题是要防止居民和企业出现大规模的偿付性风险。从新冠肺炎疫情来看，其冲击的持续期还难以准确预计。考虑到9月份美国经济中7.9%的失业率和疫情风险的升级，居民现金流的改善将在一定程度上依赖于财政资金的援助。企业现金流的改善取决于市场销售，但销售受疫情冲击较大；融资端将取决于金融市场融资安排的便利性和可得性。因此，从美国企业融资需求的角度，我们认为，疫情冲击下美国金融市场上新一轮的证券化或者资产化速度会更快。

2020年1—9月美国企业新发行证券的数量高达1.86万亿美元，超过过去3年中任何1年的全年筹资总额（见图4）。从筹资区域来看，在美国境内的证券筹资占比大约95%，与2017—2019年年度均值基本一致，只有5%左右的证券筹资是在美国境外发行的。美国企业的证券融资基本是依靠美国境内的资本市场。

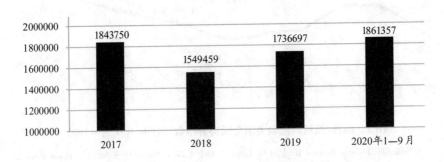

图4　美国企业新发行证券的总额（百万美元）

数据来源：美联储：New Security Issues，U. S. Corporations，Release Date：October 2020。

从债券和股票融资来看，2020 年 1—9 月美国企业债券融资额已经超过 2017—2019 年任何 1 年债券融资额，达到 1.81 万亿美元，股票融资也创新高，接近 2190 亿美元，远高于 2017—2019 年的年均融资额（见图5）。而且从债券和股票融资数额对比来看，债券融资占比从 2017—2019 年的 92% 下降到 2020 年 1—9 月的 89.2%，但债券融资依然是美国企业资本市场融资的主要方式。

图5　美国企业新发行证券中债券和股票融资的总额（百万美元）

数据来源：美联储：New Security Issues, U. S. Corporations, Release Date：October 2020。

进一步从非金融企业资本市场上债券和股票的融资占比来看，2020 年 1—9 月有一个明显的变化是，非金融类企业新融资占到债券融资比例的 65.4%，远高于 2017—2019 年的情形，这说明 2020 年美国企业债券市场上约 1.2 万亿元资金是非金融类企业发债融资的（见图6），低利率成本刺激了非金融类企业的债券融资。非金融类企业股票融资占比大约 62%，与过去 3 年相比，差别不大，这意味着2020 年 1—9 月美国股票市场上非金融类企业新筹资额高达约 2187 亿美元。

总结一下：首先，金融资产价格变动对美国家庭和企业的资产负

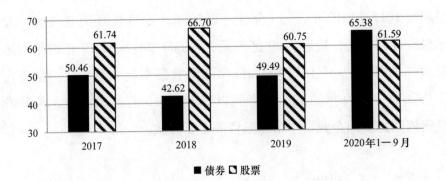

■ 债券 ◪ 股票

图6 股票和债券新融资中非金融类企业融资的占比（%）

数据来源：美联储：New Security Issues，U. S. Corporations，Release Date：October 2020。

债表影响很大，会通过资产负债表效应影响美国经济中的消费和投资，从而影响美国经济恢复的可能性以及恢复速度；其次，美国企业需要通过证券市场来大规模融资，以抵补疫情冲击下企业经营现金流的不足，保持生存并扩张。在超级宽松货币和极低利率的条件下，美国金融市场会迎来新一轮大规模的资产化时期，资产价格已成为美联储货币政策关注的要点。

人民币汇率走势越来越自信了

2020 年 11 月 9 日

10 月 27 日外汇交易中心宣布，人民币对美元中间价报价调整报价模型，淡出报价模型中"逆周期因子"的使用。如果从图 1 的开盘价与中间价差幅 ［（开盘价 – 中间价）/开盘价×100］ 以及收盘价与中间价差幅的变动来看，外汇中心可能已经提前 1 个多月就淡出报价模型中"逆周期因子"的使用了。从外汇中心宣布此消息之前的 1 个多月可以看出，不管是开盘价与中间价的差幅，还是收盘价与中间价的差幅都出现了明显的扩大（见图 1）。这说明央行容许人民币对美元汇率开盘价与中间价之间差幅以及收盘价和中间价之间差幅的扩大，人民币汇率市场化改革又进一步。换言之，央行对人民币汇率走势和波动的态度上越来越自信了。

大约从 7 月底开始，人民币开始了升值阶段。7 月 31 日至 10 月 30 日，人民币对美元中间价升值 3.75%，收盘价对美元升值 4.00%，但人民币汇率指数的升值幅度均超过人民币对美元汇率的升值幅度。由于 SDR 篮子货币汇率包含的外币数量只有 4 种，尽管升值幅度达到了 4.62%，但对贸易影响的参照作用有限。BIS 篮子货币和 CFETS 篮子货币在很大程度上可以代表人民币的贸易汇率，升值幅度均接近 4.2%（见图 2）。

在美元主导的国际货币体系下，人民币对美元双边金融汇率升值

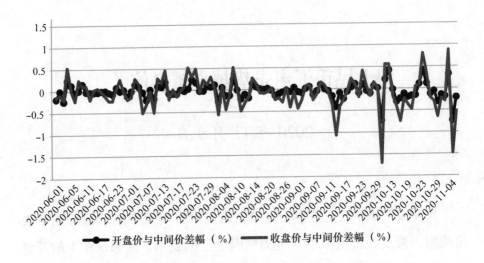

图1　人民币对美元汇率的开盘价、收盘价与中间价的差幅

（6月1日—11月6日，%）

数据来源：WIND。

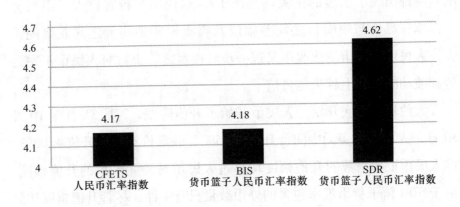

图2　人民币汇率指数升值幅度（7月31日—10月30日，%）

的幅度要小于人民币对多边贸易汇率的升值幅度。按照经济正常情况下来理解，这对出口会有明显的负面影响。但如果放在疫情经济的背景下看，贸易汇率对出口的影响程度要小于正常情况下的影响程度。原因很直接：疫情防控成效将在很大程度上决定供给的生产能力。在理论上，按照汇率贬值促进出口的马歇尔勒纳条件的假定来看，是没有有关生产能力约束的，而现实恰恰是疫情冲击导致了生产能力受到了明显约束。因此，汇率贬值对出口的影响可能与理论所描述的结果存在一定的差异。

欧美等主要发达经济体的宏观政策尚处于救助政策阶段，财政刺激居民消费成为拉动经济增长的关键因素。在这样的刺激政策增长模式下，美欧由于疫情问题，国内生产能力暂时难以得到有效释放，进口成为美国等发达经济体满足居民消费的重要途径，那么在中国经济复工复产走在世界前列的背景下，中国经济中的出口就会出现超预期的增长。

依据海关总署公布的数据，从 1—10 月的数据来看，以美元计价，来料加工装配贸易和进料加工贸易同比分别下滑 14.7% 和 7.5%，但总体出口同比增长 0.5%，其中一般贸易出口同比增长 2.7%。以人民币计价，来料加工装配贸易和进料加工贸易同比分别下滑 13.1% 和 5.8%，但总体出口同比增长 2.4%，其中一般贸易出口同比增长 4.8%（见图 3）。

从具体的近几个月的出口情况看，从 6 月之后，不管是以人民币计价，还是以美元计价，中国经济中的出口都出现了大幅度的同比增长。以人民币计价，7—10 月出口同比月均增幅为 9.58%；以美元计价，7—10 月出口同比月均增幅为 9.5%。近几个月出口出现了超预期的增长。

其中，值得关注的是一般贸易的出口同比增速。因为这是国内产业链闭环的对外贸易，是一个贸易强国的重要指标之一。从 7 月开始，一般贸易的同比增幅都在 2 位数。以人民币计价，7—10 月一般贸易同比出口月均增幅为 13.75%；以美元计价，7—10 月一般贸易同比出口月均增幅为 13.9%。这说明，在疫情经济的背景下国内产业链在出口中的作用和地位越来越重要，越来越稳固。

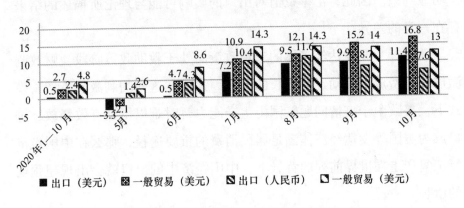

图3　今年及近期中国经济出口增长率（同比,%）

由于国内疫情防控取得了战略性成果，以及海外疫情的反复甚至升级限制了海外生产能力的有效释放，助推中国经济中的出口取得了超预期的成绩，中国经济中的进出口、进口和出口均为世界第一，在全球贸易中产业链的位置更加稳定。

从吸引 FDI 来看，在 2020 年预计全球 FDI 将下降 30%—40% 的背景下，依据商务部网站公布的数据，2020 年 1—8 月，全国实际使用外资 6197.8 亿元人民币，同比增长 2.6%（折合 890 亿美元，同比下降 0.3%；不含银行、证券、保险领域，下同）。8 月当月全国实际使用外资 841.3 亿元人民币，同比增长 18.7%（折合 120.3 亿美元，同比增长 15%）。与此同时，ODI 也显示出同比增长的态势。依据商务部网站公布的数据，据商务部、外汇局统计，2020 年 1—9 月，我国对外全行业直接投资 7041.4 亿元人民币，同比增长 6.2%（折合 1007.1 亿美元，同比增长 4.1%）。其中，我国境内投资者共对全球 167 个国家和地区的 5438 家境外企业进行了非金融类直接投资，累计投资 5515.1 亿元人民币，同比下降 0.6%（折合 788.8 亿美元，同比下降 2.6%）。因此，商务部从 2020 年 4 月份开始重点推进的 "稳外资、稳外贸" 战略取得了极大的成功。

出口增长的超预期，使得 1—10 月中国贸易顺差累计高达 3845 亿美元，这是人民币升值的贸易因素。而中国央行和海外主要央行的政策性利率水平溢价高达 3.8% 左右，这是推动人民币升值的金融因素。人民币对美元金融汇率一定程度的升值符合 "双循环" 新发展格局，有利于激发国内大市场的活力，亦有利于做大和做强中国的资本市场，也有利于阶段性加速推进人民币的国际化。

在全球疫情经济背景下，人民币贸易汇率的升值对出口并没有产生明显的负面影响，主要原因是中国和海外生产能力释放的差异所致。因此，我们要认识到当前人民币汇率走势的自信是建立在国内疫情防控取得战略性成果基础之上的。同时，"稳外资、稳外贸" 的成功以及中国经济和金融更大的开放在经济和金融的基本面上助推了人民币汇率升值的自信。人民币汇率走势的自信也是人民币的自信。但我们也要充分认识到全球疫情经济复杂性与可变性，尽管人民币还有一定的升值空间，但要珍惜人民币的升值空间，尽量拉长一点升值的时间，最有效地服务于中国经济的双循环新发展格局。

逆向思考：人民币国际化优先于金融账户开放

2020 年 11 月 12 日

人民币国际化是双循环新发展格局中国内国际双循环畅通的枢纽。原因很直接，以国内大市场为主体意味着贸易顺差可以缩小，而畅通国内国际两个市场意味着在顺差减少的情况下，可以使用人民币在国际上购买所需物品，而不用受到经常账户顺差资金来源的约束。

中国经济贸易顺差区域结构过于集中，决定了人民币走国际化道路的紧迫性。中国对外贸易顺差结构存在明显区域性的失衡。欧美市场是贸易顺差来源的核心区域，而对其他经济体的贸易大部分是逆差，或者说顺逆差比较平衡。如果中国经济贸易对欧美顺差出现较大幅度的缩小，意味着可以用于购买国外物品或者技术的可用外币数量会较大幅度减少。中国经济中外币基本来自两个账户：经常账户和资本账户（金融账户）。在这两个账户中外币来源比较稳定的是贸易顺差和金融账户下的 FDI（外国直接投资），而短期资本流入的外币具有不确定性，随时可以流出。今年下半年以来由于国内疫情防控取得了战略性成果，海外疫情导致海外生产能力没有得到有效释放，中国出口的超预期带来了大规模的顺差。但可以预计的是，随着海外疫苗的试用和大规模使用，海外生产能力会较快恢复，再加上区域集中的贸易失衡带来的贸易摩擦，中国对外贸易顺差缩小的可能性比较大。那么问题就可能会出现：一旦贸易顺差缩小，稳定的外币资金来源下降，就会存在融资约束，就会影响中国经济对外的发展，这时候最好的办法就是通过人民币国际化来解决。

当然，人民币国际化还有其他很多好处，比如减少贸易汇率的错配也决定了人民币必须走国际化的道路。中国已经成为世界第一大进出口国，大量的贸易采用外币，贸易汇率的错配带来了大规模的汇率暴露风险。人民币国际化也有利于发展国内资本市场，有利于金融机构参与全球竞争等。目前人民币占国际储备货币比例只有2%多一点，加快通过人民币贸易结算来进一步提高人民币国际化程度成为当前及未来货币国际化的重点。

人民币国际化加快节奏的观察点应该是：观察经常账户贸易顺差的变化，尤其是在确定贸易顺差会出现趋势性的缩小时，人民币国际化的速度至少要能够弥补贸易顺差带来稳定外币流入下降的速度。满足这个条件，国内国际双循环更加能做到通畅无阻，而且稳定。当然，人民币国际化有条件提前做，在预计到顺差会出现趋势性缩小之前做，将更从容。

从这个角度去思考人民币国际化和资本账户开放之间的关系，应该是更加稳健的金融开放路径。如果按照既有理论描述的思考路径，金融账户自由化是人民币国际化的先决条件，就有可能会出现难以控制的风险：金融账户自由化了，但人民币国际化不到位，结果在经常账户顺差出现较大规模缩小的背景下，很可能出现资本较大规模的外流，人民币的汇率就会出现"超调"的压力。这个"超调"的成本是中国经济金融难以承受的。防止汇率"超调"也是我们要保留3万亿美元左右外汇储备的重要原因之一。

因此，稳健的金融开放路径是：优先思考人民币国际化，视人民币国际化的程度去反向思考金融账户的开放速度。人民币国际化程度越高，意味着即使经常账户顺差较大幅度地下降，也不会影响中国经济对外的发展，因为可以用人民币来支付所需要的资金，可以突破经常账户的融资约束，汇率也会保持相对稳健。

金融账户开放节奏可控的思考要点，就是要具备这种超越传统理论所描述的金融自由化路径。金融账户自由化不再被机械地视为人民币国际化的先决条件，而需要考虑从人民币国际化的程度去反向思考金融账户开放的步骤和速度。这应该是可以借鉴的，实施稳健的人民币国际化战略的思考视角。

美欧是在动用全球资源抗疫

2020 年 11 月 13 日

2020 年突如其来的新冠肺炎疫情对世界造成了巨大伤害。依据 IMF 的 Policy Tracker 提供的数据，为了应对今年暴发的新冠肺炎疫情冲击，几乎所有的经济体都出台了大规模的、不同力度的救助政策和刺激经济恢复的宏观政策。这里就涉及一个经济体可以动用资源的能力问题。那么，谁最有能力动用国际资源呢？直接的答案是：谁的货币是国际货币，谁动用全球资源的能力就强。在当前美元主导、欧元跟随的国际货币体系下，美欧自然就成为动用全球资源能力最强的经济体。

国际货币最大的收益是国际铸币税。讲一个简单的例子说明一下。央行发行 1 单位货币，本国居民或者企业以各种形式获得了这 1 单位货币，并购买了国外的产品，购买最终消费品用于消费或者购买中间品来投资，完成了这次交易。1 单位货币流到国外，如果是国际货币，这 1 单位货币可能会永远在国外流通，不会流回本国，那么本国就永远不需要生产商品来回收这 1 单位货币；而且该货币流通到国外，对本国的物价几乎没有什么影响。用一句话来说就是，央行印钞到国外买东西，但不用还。这和封闭条件下的央行发行货币获取铸币税有本质的区别，因为封闭条件下货币发行量超过新增商品和劳务以及资产化所需要的量，直接导致通胀，钱会变得不值钱，铸币税也因此会相应减少。

根据美联储网站公布的数据，截至 11 月 12 日，美联储的资产负债表年初至今扩张了 3 万亿美元（约 3.002 万亿美元）以上，总资产接近 7.18 万亿美元；根据欧洲央行网站公布的数据，截至 11 月 6 日，欧洲央行的资产负债表年初至今扩张了约 2.13 万亿欧元，总资产达到约 6.8 万亿欧元。美联储的快速扩表为救助政策和刺激政策所需的财政赤字提供了资金来源。截至 11 月 12 日，美联储的资产负债表上资产端美国政府债券持有量高达约 4.55 万亿美元，而在年初（1月 2 日）资产端持有的美国政府债券数量约为 2.33 万亿美元。这意味着年初至今，美联储持有的美国政府债券新增了 2.22 万亿美元。依据美国财政部网站公布的数据，截至 11 月 10 日美国国债数量膨胀至大约 27.2 万亿美元，2019 年年底美国国债数量约为 23.1 万亿美元，这就是说 2019 年年底至 2020 年 11 月 10 日期间，美国政府债务增量高达 4.1 万亿美元，其中美联储新增买进了 2.22 万亿美元。可以认为，美联储靠印钞解决了年初至今美国政府赤字融资安排的 54.1%。

欧洲没有统一的财政政策，欧洲央行没有为各个成员国财政赤字提供融资的义务。2020 年年初至 11 月 6 日，欧洲央行资产负债表上持有的欧元计价的政府债务变化很小，而且相比欧洲央行庞大的资产负债表数量，可以忽略，仅有 230 亿欧元。欧洲央行资产负债表扩张最大的一项是购买欧元区居民的欧元债券，年初至今大约新增了近0.9 万亿欧元。欧洲央行扩表主要是为欧元区居民提供大规模的融资安排。

美元指数中给了欧元高达 57.6% 的占比，全球货币定价在很大程度上可以看作是美元定价、欧元跟随的领导价格制模型。目前美元在全球储备货币体系中占比约 62%、欧元占比约 20%。当今世界上两个最重要的国际货币，其央行资产负债表的"爆表"无疑是在动用全球资源抗击新冠肺炎疫情。

在金本位制下，国际货币的扩张要受到持有黄金数量的约束。自从 20 世纪 70 年代初美国关闭黄金窗口后，国际货币体系变为信用本位制，美联储的扩表就不再受到持有黄金数量的约束。这是美元体系过度弹性的重要表现。一国货币的国际信用决定了货币扩张的边界。在这一次全球新冠肺炎疫情冲击下，美欧主要依靠的是国际货币，使用其过去累积起来的国际货币信用，不断扩大资产负债表，这对其他经济体来说，是极其不公平的。

最近由于美国大选，市场对美国新一轮财政刺激的期望进入了疲劳期。但在大选之后，由于美欧疫情防控的升级，美国大概率会出台新一轮的大规模财政刺激计划，美联储的资产负债表还会进一步扩张。欧洲央行也会进一步扩表为欧元区居民提供进一步的融资安排。这种天量的资产负债表的扩张，会给世界带来疫情后的大风险和不确定性。比如，零利率下的宽松货币带来资产价格的上涨会进一步加剧社会贫富分化，会带来债务杠杆的上升，会带来通胀压力，等等。

美元作为国际货币体系中最重要的货币，本身具有提供全球"公共品"的责任，但美国这种只顾自己、不顾他人的行为，何时能够受到约束？答案是：当其他经济体有能力在全球范围内提供更多的、安全性的可替代资产时。其他经济体提供的安全性资产替代美元资产的能力越强，国际货币体系发生实质性变革的步伐就会越快。

人民币应该还有点升值的空间

2020 年 11 月 14 日

以收盘价计，7 月 30 日是 3 个多月以来 1 美元达到 7 元人民币的最后一个交易日。此后，人民币开始了一个明确的升值阶段。7 月 30 日至 11 月 13 日，人民币兑美元升值了 5.65%。此次人民币升值的特点有两个。一是脱离美元指数的单边升值。美元指数从 7 月 30 日至 11 月 13 日基本没有变化，仅贬值了 0.03%。二是人民币对全球主要货币呈现出普涨态势。从 7 月 31 日到 11 月 6 日，SDR 货币篮子人民币汇率指数上涨了 5.45%。

3 个多月的时间，人民币脱离美元指数单向升值了 5.65%，这是一个不小的升值幅度。尽管升值幅度不小，未来人民币应该还有一定的升值空间。这是因为支撑人民币升值的基本面还会持续数月。

首先是疫情汇率。疫情背景下人民币汇率走强的基本格局尚没有改变。疫情汇率体现在两个基本方面。第一，出口的超预期还会延续一段时间，还会有经常账户下大规模的贸易顺差。目前，美欧疫情风险升级，新一轮的封锁或者隔离措施会导致生产能力受到约束。依据美联储圣路易斯分行的数据，2020 年 9 月份美国工业生产指数比 8 月份下降了 0.63%；9 月份设备使用率为 71.54%，与 4—5 月份相比大约上涨了 7 个百分点，但与 2018—2019 年的均值相比，要低大约 8 个百分点。虽然说疫苗的好消息进一步提振了美国股市，但实体经济的生产能力相对低迷还需要持续数月时间，这进一步带来了美国疫情经济与疫情金融的大脱离。市场预期美国新一轮的刺激计划不久会到来，刺激消费几乎成为当下阻止美国经济下滑的唯一手段。在这种背景下，中国经济中的出口会继续持续数月的高增长，还会出现大规模的经常账户顺差。同时，今年以来银行的结售汇差保持了较大的正值。因此，美元供给与需求的基本面决定了人民币会升值。第二，中外存在较大的利差，也是决定人民币升值的基本面。目前中国央行政策性利率与美欧央行政策性利率的溢价保持在 3.8 个百分点左右。同时，债券市场也保持着明显的收益率差。比如，依据 WIND 提供的数据，从 11 月 13 日的数据来看，美国国债 1 年期和 10 年期的收益率分别为 0.12% 和 0.89%；中国国债 1 年期和 10 年期收益率分别为 2.715% 和 3.264%。即使外资青睐中国的债券市场，持有更多的中国债券，但未来一段时间中美债券收益率差较大幅度缩小的可能性不大。

其次是双循环新发展格局下的人民币汇率。人民币一定程度的升值有利于双循环格局的深化。尤其是更大的金融开放和更高质量的开放，使得人民币资产的吸引力增加，这也会带来人民币升值。

最后是政治汇率。汇率作为跨国价格的换算，其走势涵盖了政治经济因素。随着美国总统换届，中美经贸关系对话的机会应该会增加。尽管对中美经贸关系的改善不宜抱太大的期望，但双边对话机会的增多有利于汇市的稳定。当然，在特朗普执政的最后 2 个多月时间里，市场会发生什么，仍具有不确定性。

排除难以预期的事件，从上述三大方面去思考人民币汇率的走势，人民币升值应该还有一定的空间。

RCEP 签署的三重含义

2020 年 11 月 16 日

　　11 月 15 日《区域全面经济伙伴关系协定》（RCEP）正式签署。RCEP 是一个亚洲经济体为主的自贸区。在东盟 10 国的基础上，加上中国、日本、韩国、澳大利亚和新西兰五个国家，也称 10＋5。印度由于对现有成员国的贸易存在过大的逆差等问题而暂时没有加入。RCEP 成员国的人口、经济总量以及区域内贸易占全球贸易量基本在 30％左右，是世界上规模最大的自贸区，对亚洲区域的经济一体化意义重大。

　　RCEP 的签署至少具有三重含义。第一，RCEP 的签署进一步确定了基于区域化基础上的全球化，这是新全球化。过去 30 多年我们看到了区域化贸易方式对全球化贸易方式的替代，各种区域性的贸易组织数量成长很快。主要原因有几点：首先是多边谈判难度大。与全球相比，区域相对来说彼此之间的条件差距小，核心利益关切的差距也相对小。其次是区域范围内产业链的关联性和利益格局相对清晰，在协议的灵活性方面彼此能够较为充分地尊重对方，能谈成的和不能谈成的相对容易分开。最后是区域贸易协议更容易彼此监督，实施的成本相对低。第二，RCEP 的签署意味着全球自贸区的势力走向相对均衡。全球有三大增长极，北美、欧洲（EU28，目前还包括英国）和东亚。三大增长极的 GDP 占全球的 70％以上。北美有美墨加协议，欧洲有统一大市场，亚洲现在有 RCEP。RCEP 的签署使得亚洲与北美洲以及欧洲之间的区域化贸易实力大体呈现出势均力敌的格局，这决定了未来的全球化是相对势均力敌的全球化。通过 RCEP 向世界表达区域内部共同的声音，有助于全球化中区域利益的维护，也更有利于形成稳定的多边贸易体制，能有力阻止、甚至逆转逆全球化趋势的进一步下滑。第三，RCEP 的签署，对中国来说欧美市场的重要性不会降低。RCEP 签署使中国突破了全面与进步跨太平洋伙伴关系协定（CPTPP），有效地扩展了外部市场。中国是 RCEP 中最大的经济体，必将发挥最大的作用。目前中国对 RCEP 区域的贸易是逆差，而且规模很大，2018 年达到约 1400 亿美元。因此，大规模的贸易逆差决定了中国在 RCEP 中就应该发挥较大的主导作用，这将进一步提高亚洲区域经济体的贸易福利。中国经济已经进入新开放阶段，更大的市场开放，在现有的全球生产和消费区域结构下，中国对 RCEP 成员国的贸易逆差有扩大的可能性。中国的贸易顺差主要来自欧美，从平衡贸易顺逆差结构的角度来说，欧美市场对于中国经济同样是很重要的。因为在人民币国际化尚未解决中国对外融资约束问题的时期，贸易顺差对中国经济是极其重要的，这是中国经济向外发展的基础。

正如李克强总理指出的，当前国际形势下，RCEP 经过 8 年谈判得以签署，让人们在阴霾中看到光明和希望，表明多边主义和自由贸易是大道、正道，仍然代表着世界经济和人类前进的正确方向。RCEP 的签署给中国经济增长增添了新动能，为世界经济的复苏注入了新力量，也是亚洲区域人民的福音。

应对中美关系变局，中国的经济
策略储备有哪些？

2020 年 11 月 16 日

　　美国总统大选后对中美经济关系的影响，大体上可以用心怀期望、积极努力，但不抱幻想来表述。对于中美经济关系今天的局面，目前有研究者用"脱钩""规制"或"竞合"等词语来形容，这本身就说明了中美经贸关系的复杂性。这种复杂性体现在：一方面，中美经贸、金融关系存在相互依存的现实；另一方面，美国把中国视为最主要的竞争对手，中美经济竞争的强度已经达到了历史的高点。在这样的大背景下，中美经济关系不可能完全脱钩，但又不可能完全实现真诚的分工合作。因此，在经贸关系上，中美之间已经很难存在战略上的完全互信。即使美国大选后总统更选，这一基本面应该不会改变。

一　在经贸关系上中美战略互信已经遭到了破坏，很难恢复到次贷危机之前的正常水平

　　经过艰苦的谈判，最终在美国的同意下，2001 年中国加入了WTO，中国经济开始了拥抱全球化的新旅程。中国信守加入 WTO 的

承诺，按照国际规则参加全球经贸，逐渐融入世界生产和消费体系。但中国的发展速度超出了美国人的预期，出口每年以20%以上的速度增长，GDP每年以10%以上的速度增长。虽然这一高速增长的进程被2008年次贷危机打断，但经济增长的黄金十年使中国的GDP基本翻了两番，至今依然保持了较合意的增长速度。中国经济的高增长和快速的技术进步使美国人感到了前所未有的竞争压力。中美之间经济和技术力量的对比发生了实质性的变化，中国逐步成为全球第二大经济体、第一大出口国。今年以来，中国成为进出口、进口和出口世界第一大国。

这种差距的缩小使得美国认为中国是美国霸权地位的直接挑战者，从而使得美国不论谁上台都会对中国整体上采取打压的态势。特朗普在任期内，凭借美国的实力，在经贸、科技领域采取了赤裸裸的打压或者掠夺性的方法，比如，使用关税、实体名单、强迫出售等办法对中国企业，尤其是高科技企业造成伤害，无视全球化分工的好处。特朗普抛弃了贸易多边主义，致使WTO的运作步履维艰，采用单边主义来强硬处理中美经贸关系。

美国大选后，如果拜登上台，整体打压中国的态势应该不会变。作为建制派的总统，拜登会采取与特朗普不同的方式来处理中美经贸关系。这种不同可能体现在以下几个方面。首先，拜登会重返多边主义，努力修复被特朗普破坏的美国盟友关系，联合美国的盟友改造WTO，重构全球贸易规则，这种贸易规则对中国可能会有较强的针对性。其次，美国可能会重返被特朗普抛弃的跨太平洋伙伴关系协定（TPP），在贸易上形成以美国为核心的跨太平洋区域化贸易组织，重塑美国在跨太平洋区域贸易规则上的主导权，通过集体影响力来制衡中国。再次，拜登会与盟友一起商讨，制定强化打击所谓不公平贸易的规则，包括补贴、倾销、汇率等，并且会加强对知识产权的保护和对技术转让的限制等。因此，未来中美经贸关系将面临一系列的制度重塑压力。

二 美国不会放弃打压中国技术创新的发展战略，中美之间的技术竞争将越发严酷

如果拜登当选美国总统，会继续以强硬措施阻止中国主导未来的技术发展。中国目前已经是全球专利申请和专利授权第一大国，但在基础研发领域存在明显的短板，"卡脖子"技术的突破已经成为中国技术创新的发力点。

拜登曾表示，不允许中国在美国建设能源、金融服务、通信等关键性的基础设施。拜登可能会联合盟友制定高新技术的行业标准，加大美国科技的基础研发，并保护高新技术行业的通行准则，希望美国继续引领全球核心技术的创新。对于高科技技术出口的管制可能会采取实用主义的分类管理策略，具有战略意义的顶尖技术出口依然会严格管制，但次高新技术的出口管制会放松。这种分类管理策略，一方面使美国继续占据技术创新的高点，另一方面让美国的高新技术行业能够获取全球利润，而不是一味地"禁售"高新技术企业的产品，避免中美技术完全"脱钩"。对于移民和人文交流，预计会延续民主党支持移民的政策，几乎断裂的人文技术交流会得到一定程度的缓解。

因此，拜登更倾向于联合盟友，使用新规则来抑制中国的技术创新，而不会采用单纯的技术"脱钩"。

三 中美在金融领域的竞争会逐步展开，但双方有合作空间

美国当前面临的问题之一是疫情冲击带来的巨额财政赤字。年初至今，依据美国财政部网站上公布的数据，2019 年年底至今，美国政府债务增量高达 4.1 万亿美元，其中美联储资产负债表上新增买进了 2.22 万亿美元国债。可见，美联储靠印钞解决了年初至今美国政府赤字融资安排的 54.1%。财政的进一步融资问题成为美国政府必须关切的问题，因为这涉及美元国际货币体系的信用是否会出现衰减以及衰减的速度问题。拜登可能会就中国继续大规模持有美国国债的问题进行讨论，以保持全球美元体系下全球金融体系的平衡。

中国制造业增加值全球第一，制造业在全球有显著的影响力。而中国金融服务业出口在全球金融服务业出口中的占比很低，是金融大国，而非金融强国。通过金融更大的开放，让中国金融更多走向世界，去平衡中国经济和中国金融在全球的影响力是中国未来的发展战略。

今年以来，中国的金融开放取得了实质性进展，上海国际金融中心建设的步伐在明显加快，目前允许外资按照规定设立基金、设立证券公司，等等。深圳先行示范区的建设也已经展开，打造国际标准的新开放高地，完善高水平开放型经济体制提上日程。金融中心和示范区的建设将有力推进中国资本市场的进一步开放，改变中国金融服务业出口在全球金融服务业出口中占比过低的局面，这也是中国从一个金融大国走向金融强国的过程。在这个过程中，金融越开放，中美在

金融监管上强化沟通的机遇就越多，双方在寻求金融合作上就越有发展空间。处理中美金融之间的竞争和合作关系会成为未来中美经济战略关系的重点内容之一。

四　美国大选后中国在中美经济
关系上可以采取的策略

美国大选后，中美经贸关系依然很复杂。客观分析双方诉求，在中美经贸关系上，笔者认为可以采取以下几个方面的参考策略。

首先，坚定维持多边体制。维护多边体制是世界经济多极化的内生要求。今天的世界，尤其是疫情后的世界，中国与美国的经济体量和技术对比将进一步发生变化，发展中经济体和发达经济体的经济总量也会发生变化。美国如果改革 WTO，中国要积极参与 WTO 改革的方案，要努力保留 WTO 中关于不同经济体发展阶段的差别优惠条款，力求 WTO 主要规则的公平性和公正性。

其次，积极推进区域经济合作。新冠肺炎疫情冲击使得全球产业链安全受到了冲击，除了以自我创新来完善产业链外，要积极推进亚洲区域的经济合作。亚洲区域是全球经济增长最快的增长极，形成亚洲区域的经济合作对于亚洲的稳定发展至关重要。近期 RECP 的签署是区域自由贸易的重大成果，还要积极推进中日韩自贸区等经济合作。基于区域化基础上的全球化将更有基础和力量，在全球经贸关系中也会有更大的发言权。

再次，把中国的技术创新与美国的科技"争霸"分离开来。在美国技术封锁的背景下，中国加大技术创新的力度在一定程度上是被迫需要完成的，"卡脖子"技术不解决，中国经济实现高质量增长就存在困难，高技术产业链的风险就会暴露在外，一旦出现贸易摩擦，产业链的安全就会受到危害。另外一方面，中国实施有利于推进全球再平衡发展的双循环新发展格局，也内在地要求更高的技术创新，以符合高质量发展的要求。不论是从高质量内在发展的角度，还是从产业链安全的角度，中国都需要成为创新型经济体，形成自己的技术优势。

大选后，中美应该强化双边交流机制的对话，让美国理解中国在科技创新方面的努力，目的是为了经济高质量的发展，不是为了和美国科技"争霸"，而是为了更好地参与全球技术创新的分工，只有自己有核心技术，才能提高自己在核心技术产业链上的安全性。

最后，把稳定美元体系和人民币国际化结合起来。美国希望中国持有大规模的国债，但美国无约束地使用美元体系，过多地发放货币必然带来世界对美元资产的担忧。中国可以在平衡全球金融体系中发挥重要的作用，人民币国际化不是要和美元争夺国际货币体系的主导权，人民币国际化是中国经济、金融发展的内在要求。因此，中美有机会通过稳定双边金融合作机制，在金融领域努力达成战略互信。在当前美元主导的国际货币体系的前提下，发挥中国平衡全球金融体系的能力和作用，同时拥有推进人民币国际化的权利。

资产化和全球化减缓全球通胀预期，美股应该还会涨

2020 年 11 月 19 日

在经济学的教材中，一个基本的常识就是当货币流动速度保持恒定的时候，货币发行量超过了新增商品和劳务的数量就会出现物价上涨。按照货币主义最著名的学者弗里德曼的话来说，通胀就是过多的货币追逐过少的商品。因此，要想保持物价稳定，最好的办法是货币发行量和新增可交易的商品量相等。

2020 年新冠肺炎疫情对全球的冲击，带来了全球货币量的急剧增长。这些新增的货币央行很难回收，全球央行出现了"放水容易收水难"的趋势。比如，次贷危机之后，美联储的资产负债表中的总资产从 2007 年年底的 1 万多亿美元涨到了大约 4.5 万亿美元。从 2013 年年底美联储开始了收紧政策，也只缩小了大约 0.45 万亿美元。从 2019 年年底至今，为了应对新冠肺炎疫情冲击，美联储资产负债表又扩张了大约 3 万亿美元。欧洲央行此轮扩表也超过 2.1 万亿欧元。全球主要发达经济体央行的资产负债表几乎都经历了大规模的扩张。比如，今年以来，日本央行、英国央行和加拿大央行的总资产也分别出现大规模的增长。

2020 年全球经济将出现深度下滑，按照一些著名国际机构的预测，全球经济整体下滑在 4.5% 左右。在实体经济的需求不足的条件

下，超额发放的货币并没有带来通胀，次贷危机以来全球基本进入低利率、低增长和低通胀的"三低"时期。但如果我们看到资产化的一面，我们就发现全球金融资产出现了急剧的增长。目前全球股票市场的市值达到95万亿美元，仅美国股市就达到50万亿美元。房地产市场、债券市场、金融衍生品市场等资产市场的价格都出现了巨大幅度的扩张。可见，全球的资产化吸纳了足够多的货币是减缓通胀压力的利器之一。

全球化也是减缓通胀压力的另一个利器，跨国公司在全球范围内实施成本套利，寻求最低生产成本。跨国公司在获取丰厚利润的同时，也加剧了全球经贸关系的不平衡，但其成本套利模式降低了全球物价水平上涨的压力。

不管是资产化还是全球化，都带来了全球财富累积的不平等。在收入分配体制尚不能较好解决这种不公平时，全球消费的增速会远低于资产化和全球化带来全球财富累积的速度，因为富裕人群的边际消费倾向要远低于一般群体，财富的不平等抑制了经济中的消费需求。

美国大选后，如果拜登当选，特朗普采取的过激性逆全球化行为可能会得到一定的修正。全球化是大势所趋，全球分工和协作的好处受到了世界上绝大多数经济体的认可。11月15日，占世界人口、GDP总量和贸易总量均在30%左右的《区域全面经济伙伴关系协定》（RECP）签署，尽管实施还需要一定的时间，但关税及非关税壁垒会进一步下降，整个区域内交易成本的减少有利于扩张市场，并进一步降低相关的交易成本。

全球通胀水平受到众多因素的影响，基本面是受经济总需求的影响，但资产化和全球化是减缓通胀预期压力的利器。资产化是吸纳货币最重要的蓄水池。在这个意义上，全球会迎来新一轮大规模的资产化，全球资本市场规模会出现较快的扩张。同时，逆全球化行为或许会得到一定程度的修正，跨国公司的成本套利行为还会延续和扩张。经济基本面尚未恢复，资产化的加速和逆全球化行为的校正，减缓了物价上涨，全球通胀预期可能会比想象的来得慢一些。排除极端因素，在通胀预期不足的条件下，美国新一轮的刺激和极低的利率将提升资产估值，在市场预计标普 500 指数成分股派息和去年接近的水平下，美股应该还会涨。

要"断奶"了？美国财政部
这么做在担忧什么？

2020 年 11 月 23 日

美国财长姆努钦 11 月 19 日致函美联储，要求美联储立即停止部分贷款抗疫工具，以释放 4550 亿美元的资金给国会用于其他方面，帮助刺激经济恢复。企业信贷、市政贷款以及主街贷款计划在内的贷款工具在 12 月 31 日到期后将不再延续。随后姆努钦对上述致函做了自我修补，认为美联储没有必要购买更多企业债，未来如果有需要，财政部有足够可支配的资金以支持融资需求，金融市场无须过虑。但 11 月 20 日美国三大股指还是全线下跌。道琼斯指数下跌 0.8%，标普 500 下跌 0.7%，NASDAQ 下跌 0.4%。疫情升级和财政支持的减弱，未来一段时间可能会引起美国股市的震荡。

美国金融市场到底如何？要看美国当前金融市场整体状况如何，一个直观的办法是找个可用的参照期对比一下。我们选择最近的一次，即 2008—2009 年的次贷危机时期做一个简单对照分析。当然，截至目前，2020 年 3 月的金融大动荡在金融领域造成的破坏力尚无法与 2008—2009 年的次贷危机相比，尽管 2020 年美国实体经济下滑的幅度远大于 2008—2009 年的次贷危机时期实体经济下滑的幅度。按照美联储圣路易斯分行提供的数据，以同比计，次贷危机时期经济下滑最大深度的时间为 2009 年第一季度，同比下滑 5.2%，第二、第三季度同比分别下滑 3.8% 和下滑 2.1%；2020 年经济下滑最大深度的时间为 2020 年第二季度，同比下滑 9.0%，第三季度下滑 2.8%。

一 钱花的不一样，效果就不一样？
两个时期的简单对照

按照美联储圣路易斯分行研究的周期划分，2008 年次贷危机期间，美联储的扩表差不多是从 2007 年 11 月 28 日开始，到 2009 年 5 月 27 日截止。这期间美联储资产负债表总资产增加了 1.99 万亿美元，从大约 0.88 万亿美元扩张到 2.87 万亿美元。2020 年美联储大约从 2020 年 2 月 12 日扩表至今，基本没停过。截至 2020 年 11 月 18 日，美联储资产负债表的总资产高达约 7.24 万亿美元，这一期间扩张了大约 3.06 万亿美元。因此，不管是从扩表的力度还是速度，2020 年的这一次扩表要远猛于 2007—2009 年的那一次扩表。

从金融市场恐慌指数来看，2008 年从年初的大约 23 上涨到 11 月 20 日的最高点 80.86；2020 年大约从年初的 12.5 上涨到 3 月 16 日的最高点 82.69（见图 1）。3 月 16 日是 3 月 9—20 日金融大动荡期 4 个熔断中的第 3 个熔断。因此，从金融市场恐慌的角度来看，2020 年新冠肺炎疫情对市场投资者冲击的力度还要略高于次贷危机时期。

从整个金融市场压力指数来看，次贷危机时期，2008 年 10 月 10 日达到最高点，约为 9.1224，2020 年金融大动荡时期最高点达到约 5.4144（见图 2）。可见，整个金融市场在投资者受到的恐慌冲击力度甚至比次贷危机时期还要大的情况下，金融大动荡时期的金融市场压力指数却远低于次贷危机时期的金融市场压力指数。

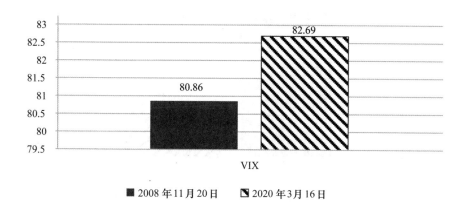

图1　两个时期金融恐慌指数的最高点

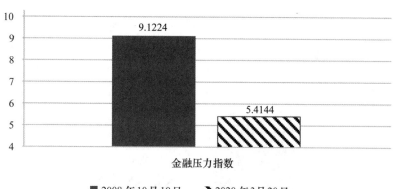

图2　两个时期金融市场压力指数的最大值

从 ICE BofA 期权调整利差（OAS）来看，给定评级类别的所有债券计算的 OAS 指数与现货国债曲线之间的计算利差在 2008 年 12 月 15 日达到峰值，高达 21.82 个百分点，而 2020 年 3 月的最大值为 10.11 个百分点，两者差距很大（见图 3）。

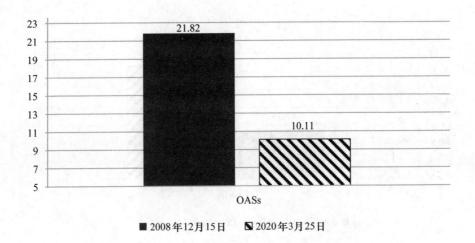

图 3　两个时期 ICE BofA 期权调整利差（OAS）的最大值（%）

从两个时期穆迪季度调整的 BAA 债券收益率风险溢价最大值来看，2020 年 3 月达到最大值，为 3.93 个百分点，而次贷危机时期 2008 年 11 月底达到了最大值，为 6.1 个百分点（见图 4）。

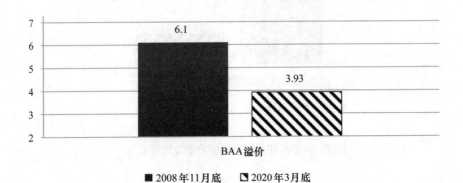

图 4　两个时期穆迪季度调整的 BAA 债券收益率溢价的最大值（%）

因此，从 OAS 和穆迪季度调整的 BAA 债券收益率溢价的风险溢价来看，截至目前，2020 年美国金融市场上违约风险要明显低于

2008—2009年次贷危机时期。这也是我们截至目前所看到的，美国金融市场上尚没有出现大规模的违约行为。

再从三个月的LIBOR银行拆借利率溢价（TED）来看，2020年TED的最大值出现在3月26—27日，只有1.42个百分点；但次贷危机时期的最高点出现在2008年10月15日，达到4.33个百分点（见图5）。这说明，在2020年国际金融市场上银行拆借资金的困难时期，最困难的程度不及2008年次贷危机爆发时期。

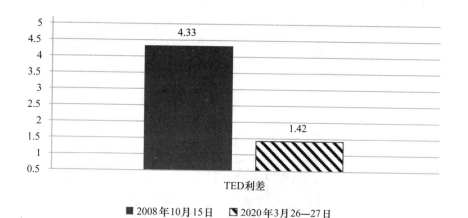

图5　两个时期TED利差的最大值（%）

综合上述重要的金融市场指标，笔者认为，2020年的金融大动荡对金融市场造成的冲击要远小于次贷危机时期，但投资者的金融恐慌指数的高点却高于次贷危机时期。之所以出现这种情况，主要在于世界对新冠肺炎几乎是陌生的，疫情大流行对投资者的冲击瞬间得到了爆发，体现为金融市场恐慌指数的快速上涨。但不管是从股市最大跌幅来看，还是从各种反映金融市场流动性和信贷挤压的关键指标来看，截至目前，整个金融市场受到的冲击幅度要明显低于次贷危机的冲击。

这就是我们看到的：2020 年金融市场投资者受到的恐吓程度甚于 2008 年；美国经济下滑的深度甚于 2008 年；但截至目前金融市场受到的冲击幅度要远小于次贷危机时期。原因是什么？答案是：冲击的性质不一样，钱花的不一样。这一次主要是外生疫情冲击。

从政策性利率来看，两个时期美联储政策性利率水平基本一样。2020 年 3 月底和 2008 年 12 月底一样，联邦基金利率基本是零利率。但从无风险利率水平来看，两个时期存在巨大差异。2008 年年底美国 10 年期国债最低收益率为 2.11%，2020 年年初至今最低收益率是 8 月 4 日，仅为 0.52%（见图 6）。

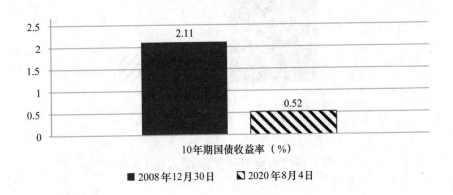

图6 两个时期美国10年期国债收益率的最低值（%）

因此，美国国债收益率的大幅度下滑是这次美国金融市场出现超级修复的核心原因。国债收益率的大幅度下降使得整个国际金融市场风险利率中枢大幅度下降，带来金融市场压力指数大幅度下降，也带动了金融市场风险利率溢价中枢的整体下移，推高了市场投资者的风险偏好，使得金融市场资产价格出现了超级修复。

二 金融市场过度修复与实体经济的修复不足并存?

由于主要发达经济体的央行资产负债表都进行了不同幅度的大规模扩张，且很多经济体的政府债券收益率是负收益率，拉低了整个金融市场风险收益率，助推了股票市场价格的上涨。截至11月20日收盘，依据WIND的数据，从图7来看，中国股市年初至今出现了不小的涨幅，其中深圳成指涨幅达到32.8%，但按照现有的市场预期，中国今年经济会出现2%左右的正增长。而纳斯达克涨幅高达32.12%，按照IMF最近的预测美国经济全年将出现3.8%左右的负增长。因此，可以认为美国出现了金融市场的过度修复与实体经济修复不足并存的局面。

从另外两个衡量估值的重要指标来看，NASDAQ的P/E（TTM）是图8中最高的，达到了68.5倍，而且P/B（LF）也高达5.52倍。美国三大股指的股指，不论是从P/E还是P/B来看，均处于历史上的高值。道琼斯的P/B高达6.22倍，在美国三大股指年初至今的涨幅中最低也可以理解。相比之下，中国的上证指数无论从哪个指标来看，在经济正增长的背景下，涨幅是最克制的了。科创板指例外，截至11月20日收盘，科创板指的P/E达到62.7倍，P/B高达7.35。

再回到美国财长姆努钦11月19日叫停美联储部分抗疫工具，并不是完全没有道理。他认为美联储不用购买更多的企业债，是因为美国金融市场的融资环境足够宽松，金融市场资产价格出现了超级修复，美国需要更加定向的救助政策。当然，这也是美国财政部对美联储权力的约束。

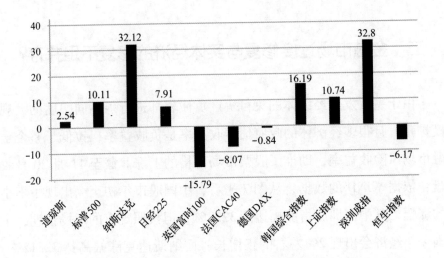

图7 全球主要股市年初至 11 月 20 日的涨跌幅（%）

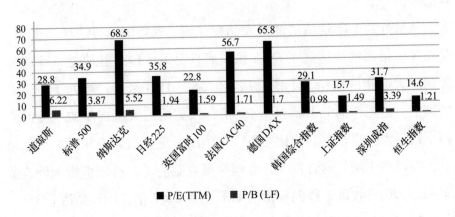

■ P/E(TTM)　■ P/B (LF)

图8 全球主要股市 11 月 20 日的 P/E 和 P/B

数据来源：WIND。

　　与实体经济相比，美国金融市场的超级修复以及市场宽松的融资环境或许是美国财政部认为美联储没有必要进一步购买企业债券的主要原因，而似乎不应被视为美国大选两党斗争的结果。

美国财政部叫停美联储的部分抗疫工具，并不意味着完全"断奶"。因为随着疫情风险的上升，近期美国每天新冠肺炎感染人数急剧增长，市场普遍预期美国新一轮的救助性政策不久会到来。这是不是美国宏观政策的发力点在转向的明确信号？这仍然需要观察一段时间。应该说，美联储卖出的这张看跌期权已经完成了美国金融市场资产价格的修复，而且是超级修复。这种超级修复背后的支撑是：美国国债收益率的大幅度下降带来了美国金融市场风险溢价补偿中枢的整体下行，而美国国债收益率的大幅度下滑意味着美国政府无风险信用收益率中枢的整体下滑。这对全球金融市场意味着什么？美国财政部这么"自信"地叫停美联储部分抗疫工具的背后，是不是有些对美元信用下降的担忧呢？时间会给出答案。

提供安全性资产是推动国际货币体系变革的基本筹码

2020 年 11 月 30 日

　　一般的观点认为，作为国际货币体系的储备货币，需要满足流动性、安全性和收益性三个特征。其实，在一个充满不确定性和风险的世界上，哪有始终都很好满足上述三个特征的资产。换言之，如果都很好地满足了上述三个特征，那叫"完美资产"。一个资产流动性快、安全性好、收益性高，那其他资产基本就没有活路了。现实世界中的任何资产都是在三个特征中去权衡，但作为国际货币类资产最主要的特征是安全性，这是国际储备货币的核心属性。

　　什么是安全性资产？所谓安全性，就是当一切正常时，你使用某个东西的时候没有太多想法，是一种习惯性的使用；当遇到大的风险或者大的不确定性的时候，你首先会想到它，并强烈地想拥有更多这种东西。这种东西就叫安全性，给你带来安全感。如果说这种东西是资产，那就是安全性资产。

　　能够提供最高等级安全性的资产，其收益率应该是最低的，因为不需要风险溢价补偿。换言之，某个资产提供了较高的收益率，在很大程度上还不能算是安全资产，因为该资产收益率包含了风险溢价补偿。这并不是说，收益率较高的资产不能成为安全性资产。只有更多的人使用，才具有广义上的安全性；要吸引更多的人使用，在吸引的过程中，就需要提供足够的收益率去吸引别人使用，直到越来越多的人使用，当每一个使用者使用该资产的边际收益不断递减时，收益率会自然下降，直到成为安全性高、收益率低的资产。越来越多的人使用，这个市场的深度和广度自然会不断提升，流动性自然就高。

以美元作为例子。每一次全球性金融危机爆发时，美元成为市场追逐的对象，对美元需求的急剧上升，表现为美元指数的走强。美元指数表达的是全球投资者在美元供给和需求水平上决定的价格，美联储作为美元提供者，其他经济体作为美元的需求者。当然，美元指数中只包括了6种货币（欧元57.6%、日元13.6%、英镑11.9%、加元9.1%、瑞典克朗4.2%和瑞士法郎3.6%。1973 = 100），美元指数走强，意味着市场偏好美元的程度要高于偏好美元指数货币篮子中其他货币的程度。从美元指数的构成来看，除了美元指数篮子货币以外，世界上其他货币很难直接影响美元的强弱，但其他货币会间接通过影响美元指数篮子中的货币，来影响美元指数的强弱。

综观美元指数的变化和国际货币的历史，我们有以下2个基本观点，供大家讨论。

第一，不能简单地以美元指数绝对值高低来判断是强美元，还是弱美元；美元指数重心的下滑，不绝对代表美元就弱，强弱是相对的。

图1给出了1973年以来美元指数的走势（以收盘价计），从趋势看，美元指数的整体重心是下移的。在1981—1985年是美元指数走强幅度最大的时期。这显然与当时美联储主席沃克尔治理美国经济中的高通胀，大幅度提高联邦基金利率直接相关。当时联邦隔夜

拆借利率最高点曾达到 16%。在开放的金融市场上，利率平价开始发挥作用，导致美元大幅度升值。但这也加大了美国经常账户赤字，这与后来的"广场协议"密切相关。1985 年 3 月份美元指数高达 160 以上，是强美元。第二次比较大的升值发生在克林顿政府时期，美国经济出现了长周期的繁荣，美国投资吸引力的急剧上升使全球资本涌入美国，提高了美元需求，推动了美元升值。自此之后，美元再也没有出现过这么长周期的大幅度升值。2008—2009 年次贷危机爆发，美元指数有一个明显的升值，最高点发生在 2019 年 2 月份，随着奥巴马推出刺激性的政策，美元指数开始下降。但美元指数的最高点也只有 86 左右，这一期间美元指数的涨幅高达约 20%。这相当于说，如果没有次贷危机，美元指数维持在 72 左右的水平，一次危机使得美元相对于美元指数篮子中的货币上涨了 20%！而 2020 年的金融大动荡时期美元指数大约上涨了 8%，本来美元指数为 100 是 1973 年的基期平价，而现在美元指数上 100 却是强美元！强美元加剧了 2020 年 3 月中下旬国际外汇市场的大动荡。因此，美元强弱在不同的周期具有相对性，不能简单地以美元指数绝对值来衡量美元的强弱。

第二，美元指数强弱似乎与美元主导国际货币体系的程度本身关联性并不大，不要简单地把美元强弱周期与美元主导国际货币体系的程度混在一起来理解。

随着全球经济的发展，全球外汇储备也出现了相应的增长。1995 年全球外汇储备为 1.39 万亿美元，2006 年突破 5 万亿美元，2011 年突破 10 万亿美元，截至目前大约 12 万亿美元。图 2 给出了自 1995 年来差不多每隔 10 年国际外汇储备的变动情况，其中 2004—2013 年是增长最快的，增量超过 7 万亿美元，此后变化幅度相对较小。

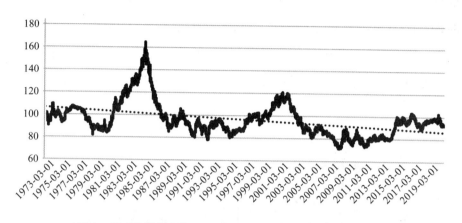

图1 美元指数的走势（1973年3月1日—2019年3月1日）

数据来源：WIND。

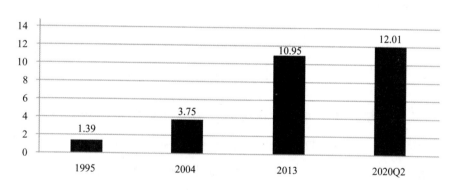

图2 全球外汇储备的数量（1995—2020Q2，万亿美元）

数据来源：IMF。

依据 IMF 各成员国央行公开宣布的分配外汇储备（allocated FX reserves）的储备构成来看，2020年前二季度美元储备目前占比略超61%，这一数据和2009年年底的数值接近。这就是说10年时间里，美元指数从100以上下降到目前的92左右，美元储备份额基本没有变化。在美元走强的某些阶段存在美元储备上升的现象，比如克林顿时期。2002 年之后的下降主要与欧元有关。欧元在 1999 年年底占比为 17.9%，到了 2003 年年底上升到 25.03%，减少了美元作为储备货币的份额。目前欧元在储备货币中的占比大约 20% 多一点（见图 3）。

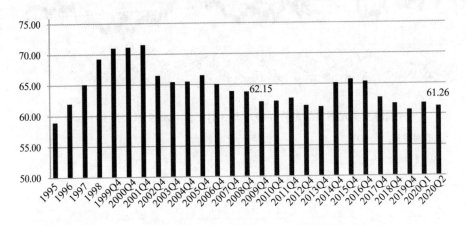

图 3 美元在全球分配外汇储备中的占比（1995—2020Q2，%）

数据来源：IMF。

从未分配的外汇储备占比来看，2014 年以来是不断缩小的。这说明全球外汇储备的数据在近些年来透明度提高了很多。未分配的外汇储备（Unallocated Reserves）包括了非 IMF 成员国所持有的外汇储备以及没有对外公布的外汇储备。图 4 显示，2014 年年底，未分配的外汇储备占比接近 47%。因此，即使美元在分配储备中占比达到 65%，但这一数据极有可能高估或者低估美元在全球储备货币中的占比，因为非 IMF 成员部分和未公布的部分是否是美元很难判断。但在 2019 年之后，分配外汇储备占比高达 90% 以上，就可以比较准确地判断美元在全球储备货币中的占比。应该说，目前美元在全球外汇储备中的占比超过 60% 具有高可信性。可见美元指数与美元作为储备货

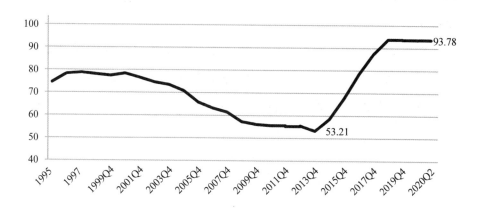

图4 分配外汇储备在全球外汇储备中的占比（1995—2020Q2，%）

数据来源：IMF。

币之间的关联性并不大。主要原因是，美元指数反映的是国际金融市场流动性的松紧，尤其是美国离岸美元市场流动性的松紧。如果市场上美元多了，投资者形成美元贬值预期，就做空美元，美元指数就下降；反之，当国际金融市场上美元紧缺，投资者就会追逐美元，美元指数就会上升。不管是做多美元，还是做空美元，美元都是标的，说明了市场上投资美元的投资者很多，也体现了美元的重要性。国际市场尤其是在金融危机或者金融市场出现大的动荡时，美元就成为追逐的对象，美元指数就会走强。换言之，国际投资者认为在金融市场动荡期，美元是安全资产，即使目前美国国债提供了很低的收益率。

因此，从国际储备货币三个特征来看，最重要的是安全性。每一次金融危机或者动荡，美元指数就走强，这是市场对安全资产追逐的结果。这也说明了可能会存在一种很危险的情况：美国会通过制造动荡来强化美元作为安全资产的属性。因为国际金融市场上的每一次动荡都带来了美元指数的走强，体现了其避险或者安全性的属性。

非美元经济体，要参与国际货币体系的变革，必须把提供安全性资产作为基本出发点。提供可替代美元的安全性资产越多，参与国际货币体系变革的基本筹码就越多。

把握"112"原则，处理好中美经贸关系

2020 年 12 月 4 日

美国总统大选尘埃落定，拜登将出任美国第 46 任总统。未来中美经贸关系依然错综复杂。由于美国把中国定义为最主要的竞争对手，美国在处理中美经贸关系上不可能完全与中国相向而行。因此，理性、客观分析双方诉求，寻求最大公约数，是处理好中美经贸关系的出发点。

笔者认为把握"112"原则，即坚持"一个维护、一个不脱钩和两个分离"应该有助于处理好中美经贸关系。

"一个维护"是指坚定维护多边体制。维护多边体制是全球经济多极化的内生要求。美国经济总量占全球经济总量已经从第二次世界大战后巅峰期的 50% 下降到目前的不足 1/4，美国经济对全球经济的影响力在下降。这一基本事实决定了世界经济的良好运行需要多边体制。疫情后的世界，中国与美国的经济体量将进一步发生变化。按照 IMF 的预测，今年中国经济将取得 2% 左右的正增长，美国将出现 4% 左右的负增长，双方经济总量差距进一步缩小。只有坚持多边体制才能适应世界经济多极化的历史发展趋势。

"一个不脱钩"是指经贸规则制定的不脱钩，而不是简单的经贸关系不脱钩。如果美国也主张多边体制，改革 WTO，中国也积极参与 WTO 改革的方案，力求 WTO 主要规则的公平性和公正性，维护自

身以及发展中经济体的利益。不论美国是否重返 TPP，中国也以开放的心态积极考虑加入 TPP。前不久，RCEP 签署，RCEP 成员国中有一些本身就是日本主导的小版 TPP（CPTPP）的成员，两个自贸区的成员本身有一定的重合度。同时，由于 RCEP 的签订，基于区域化基础之上的谈判与合作更有力量。中国加入美国参与的自贸区，这些自贸区成员同时也与中国签订了自贸区协议，中国就可以参与经贸规则的制定。同时，加快中国与欧盟的自贸区谈判。只要中国与世界上其他重要的发达经济体有自贸区协议，即使美国采取同盟战略，也很难形成不考虑商业利益的同盟战线来排挤与中国的经贸往来。这个世界没有中国参与的自贸区是不完整的自贸区；同样，这个世界没有美国参与的自贸区也是不完整的自贸区。与发达经济体签订自贸区协议是中国建设更高水平开放型经济新体制的重要抓手。

"两个分离"是指把中国的技术创新与美国科技"争霸"分离开来；把人民币国际化和挑战美元主导的国际货币体系分离开来。美国对中国的技术封锁应该不会减轻。在这样的背景下，中国强化技术创新是被迫需要完成的。"卡脖子"技术会严重阻碍中国经济的高质量增长和发展，美国也充分认识到这一点。核心产业链的闭环或者核心技术的制高点对于减少动荡经贸关系带来的无序冲击是至关重要的。中美应该强化双边技术交流机制的对话，让美国理解中国在科技创新方面的努力，目的是为了经济高质量的发展，不是为了和美国科技"争霸"，而是为了更好地参与和利用全球技术创新的分工。中国这么大的经济体量，不创新怎么发展？

同时，把人民币国际化与挑战美元主导的国际货币体系分离开来。中国是一个经济、经贸大国，但仍处于发展中的重要阶段，一定程度的经济向外扩展是基本的经济规律，也符合全球分工原则。中美之间存在贸易不平衡是事实，但这是全球生产、消费体系分工的结果，双循环新发展格局也是为了减少全球贸易失衡。但中国的贸易顺逆差结构存在很大的不平衡性，顺差基本来自美欧。如果中国对美欧的贸易顺差大幅度收窄，中国就可能出现贸易逆差，中国就需要通过人民币国际化来解决经常账户融资约束的问题。作为世界第二大经济体，如果货币没有一定程度的国际化，又不可能大规模地从外部借贷融资，中国促进世界经济的增长和提高全球分工效率的动能就会减弱。这对于世界其他国家来说，是一种福利损失。

美国希望中国持有大规模的国债，中国也可以在平衡全球金融体系中发挥显著的作用。人民币国际化不是要和美元争夺国际货币体系的主导权，人民币国际化是中国经济、金融发展的内在要求。全球金融一体化的发展，中美有更多机会加强双边金融稳定合作机制，努力在金融领域达成一定程度的战略互信。在当前美元主导国际货币体系的前提下，发挥中国参与平衡全球金融体系的能力和作用，同时拥有推进人民币国际化的内生要求和权利，采用审慎的方式去推进人民币的国际化。当然，深化改革，促进经济高质量发展，并坚定大力推进高水平的资本市场建设，提供更多的全球性安全资产是实现人民币国际化上大台阶的基础筹码。

百年难遇的金融大动荡应该不会回来了！
2020 年的关键词：大分化

2020 年 12 月 5 日

一　复盘："大动荡"："泥沙俱下"的 3 月 9 日—3 月 20 日

中国有句古话"温故而知新"，以史为鉴才能更好地理解当下以及未来的变化。所以，和各位交流的第一部分就是要去复盘 2020 年 3 月份的金融大动荡。2020 年 4 月 25 日，美国新冠肺炎感染人数不足 280 万，但在 11 月初却达到了 4800 万人。当新冠肺炎疫情刚刚暴发的时候，人们对新冠病毒非常陌生，而对于陌生的东西恐慌性就会很快表现出来。

第一阶段，从 2 月份开始到 3 月 4 日这段时间，芝加哥交易所编制的恐慌指数的 VIX 指数，我们叫"CBOE 波动率"，从 14.38 涨到 36.82，实际这个涨幅比后面到 82.69 还要大。为什么涨幅会这么大？主要是因为人们对"新冠"了解程度很低，所以对投资者的情绪冲击要大很多。3 月 9 日以后一直到 3 月 20 日左右，国际恐慌指数达到高点 82.69。4 月 24 日的 VIX 指数是 35.93，现在已经降到 8% 左右的水平。随着投资者情绪的变化，一定会反映到资产价格的行为中。

第二阶段，由于投资者的恐慌，从 2 月底到 3 月 9 日，投资者开始追求无风险资产收益。受此影响，投资者更多的是买黄金，买美国国债。在此期间，黄金价格从 1587.3 美元涨到 1680.6 美元。由于国债收益率和价格之间是反向关系，即收益率上升表示国债价格的上涨，所以美国国债收益率反而降到 0.54%。可以看出，在恐慌的第一阶段，投资者对无风险资产的追逐在市场上表现得非常明显，这对于理解 2020 年 3 月金融大动荡是个关键性的节点。

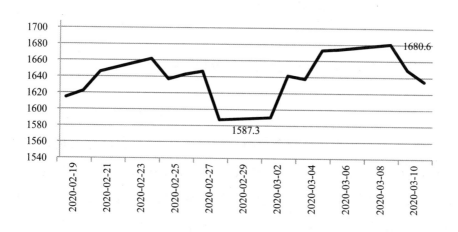

图 1　黄金价格（美元/盎司）

事实上，在金融市场出现剧烈动荡以后美联储就做了很多工作，但并没有挡住资产价格的急剧下跌。3 月 9 日、3 月 12 日两个熔断之后，3 月 15 日美联储开始采取对策，进一步降息 0.5 个百分点，同时把联邦基金利率基本降到 0%—0.25% 区间，同时银行准备金率降至 0%，贴现窗口贷款利率也下调 1.5 个百分点。3 月 16 日第二个熔断之后，3 月 17 日美联储开始在市场买商业票据，去稳定资产价格；18

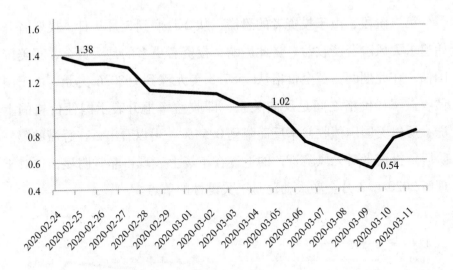

图 2　美国国债收益率（10Y，%）

日又启动了货币市场共同基金的融资计划，向市场上继续注入资金。3 月 16 日、3 月 19 日是两个熔断，所以 3 月 19 日美联储又启动国际货币互换，因为在这期间美元指数上涨的幅度很大，全球出现流动性恐慌。需要注意的是，美联储的货币互换实际是选择性的货币互换，并不是所有的央行都有货币互换的，全球大概有 9 个央行和美联储进行了货币互换，货币互换的规模最多的时候达到 4400 多亿美元。

　　3 月 20 日，美联储坐不住了，把扩大资产购买的计划进一步扩大到市政债券。因为 3 月 20 日是个礼拜五，金融大动荡从 3 月 9 日—20 日实际只有 10 个交易日，但 10 个交易日里出现了 4 次熔断，这在全球股市或美国股市历史是没有过的，因为美国股市到今天为止一共出现了 5 次熔断，如果看熔断，把这次拿掉，要回到 1997 年 10 月 27 日才看见美股出现第一次熔断。10 个交易日 4 次熔断，这个烈度是非常大的，时间非常短。在这期间，用一个词来形容就是"泥沙俱下"，所有的资产价格全面暴跌。不管是风险资产还是无风险资产，整个市场找不到一种资产来对冲，说某一种资产价格有所上扬，其他资产下跌，还有对冲风险的工具，这段时间没有资产价格上升，全部都是下跌。这时候全球进入了流动性危机阶段。这个危机一旦真的爆发出来，就类似于引发了全球性的金融危机。所以，我把 3 月 9 日—3 月 20 日称为"国际金融市场的黑暗时刻"。

在这期间，流动性危机一触即发。一个很重要的指标就是美元指数的上涨。3 月 9 日至 20 日，美元指数上涨 8%，从 95% 一直上涨到 102%，这期间大概经过了 5 天时间，所以美元指数在 102% 以上经过 5 天，持续的时间高达 5 天，意味着市场的流动性紧张局面达到了顶点。由于美元指数走高，全球外汇市场的波动是必然的。在这期间，3 月 9 日—3 月 23 日，全球很多货币在恐慌中出现了汇率的超调。跌得比较大的，英镑跌了 12.03%，澳元跌了 11%，欧元跌了接近 6.4%，日元跌了接近 8.7%。这里面表现最好的货币是人民币兑美元跌了 2.43%。回过头来想，这期间人民币的跌幅是最小的。这轮人民币有个升值，从百分之七点几一直升到 6.6% 左右的水平，如果在金融大动荡时期，人民币下跌幅度再稍微大一点，比如 5%，实际上现在会有更足的升值空间。所以，人民币在这期间跌幅是最小的，有些货币实际是恐慌中出现了超调。

在美股出现 3 月 9 日、3 月 12 日两个熔断之后，引起了全球性的恐慌，很多国家一开始纷纷出台了一些对冲措施。欧洲央行考虑过银行启动无上限的流动性，股票市场上开始禁止做空，因为当时要规避的首要问题是资产价格不能过度超调。所以，3 月 13 日德国、英国、西班牙，3 月 15 日意大利，3 月 17 日比利时，3 月 18 日希腊，都采取了禁止做空的市场交易机制。更厉害的是菲律宾，在 3 月 17 日把

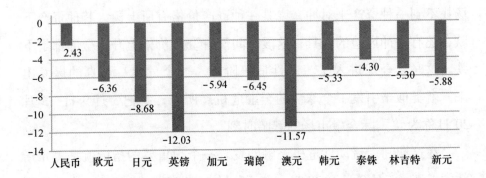

图3　流动性恐慌中的汇率"超调"（3月9日—3月23日，%）

外汇市场都关了。这种大规模的做空限制在证券市场发展历史上是极其罕见的，此时的宏观政策就是一定要挡住。

二　业绩：不再"羞涩"的政策：对冲"大动荡"

这样的大动荡，一直到3月23日才触底。此时，美联储公布了7000亿美元的购债计划，开启了无上限的宽松，同时出台了针对企业和消费者的3000亿美元的信贷计划。所以，这次这个政策使整个市场投资者坚信美联储对资产价格过度暴跌是无法忍受的。从比较学术的观点来讲，美联储这时候给市场托底实际就是卖出了一张"看跌期权"。所以，3月23日，全球股市、金融市场基本都在3月23日左右相差不到一天的时间内触底反弹。

触底之后，美国也公布了很多政策，包括签署了《冠状病毒援助、救济和经济安全法案》，规模大概2万亿美元。4月6日，美联储向财政部宣布支付保护计划提供支持，鼓励企业不裁员。4 月 8 日，取消先前对富国银行施加的资产上限，允许参与政府的小企业贷款计划。4 月 9 日，美联储公布了 2.3 万亿的美元贷款计划，通过"SPV"来实现。SPV 是通过设立一个特殊的实体来操作整个信贷计划。这个信贷计划实际是美国财政部以注资股本的形式，然后通过杠杆比例的放大，比如"主街计划"，美国财政部注资 750 亿美元，杠杆放大规模可以放到 7000 多亿美元，差不多 1：10 的杠杆，实际上是财政资金在为信贷做某种程度上的担保去鼓励贷款。

在美联储一系列政策作用下，美国股市金融资产的财富实际风险可控，因为任何一个市场只要基本盘的财富可控，就不会爆发金融危机。三大股指年初以来的跌幅到 4 月 22 日大幅收窄，纳斯达克跌百分之五点几，标普 500 跌了 13%，跌的比较多的是 DJ 指数，跌了接近 18%，和 3 月 23 日的最低点比起来它已经大幅度反弹。美联储这次在市场上实施无上限宽松，比如接受债券抵押等原先从不采取的政策的原因主要是，金融资产在美国经济中具有很重要的作用。目前，美国经济中非金融类企业资产占总资产的比例达到了 45% 左右，相当于一个非金融企业资产达到 45%，一旦大幅度缩水，其资产负债表一定会恶化。资产负债表恶化，就会演变成金融危机，直接影响企业的投资，也会影响它的资产质量，包括财务杠杆，并引发一系列的债务风险。

美国居民的金融资产在总财富中的占比也是很高的，按照美联储 2019 年关于消费者金融类调查，美国底层 50% 的家庭平均持有财富的总量是 9.4 万美元，中产阶级持有 74 万美元总财富。除了最上层阶级平均持有 2897 万美元财富，剩下 10% 里的 9% 平均只有 413.4 万美元的财富。当财富缩水的时候，消费者会更加省吃俭用，而压缩支

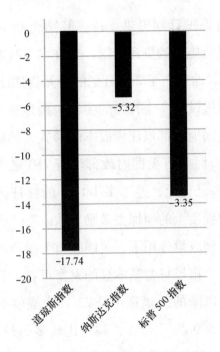

图 4　美国三大股指年初至 4 月 22 日的跌幅（％）

出很显然会对消费有明显的负面影响。如果股市下跌很厉害，收入最高的人受影响是最大的。如果房价下跌得更厉害，则会对美国 90％ 的家庭财富影响很大。美国金融财富里 70％ 的资产实际是房屋以及与房屋相关的资产。因此，房价对美国的重要性比股价还要火，2008 年的金融危机是房地产危机引发的。

　　事实上，在人类历史上，很少有哪一次大的危机能像 2020 年这样，在短短 3 个月左右的时间里，把我们金融学课程里所有的综合知识，从一个市场投资者情绪的变化到无风险资产的追逐，泥沙俱下，后来投资者市场基本盘财富可控，再到投资者情绪相对比较稳定，进入意见分歧阶段，完整地演绎了一遍，在过去的危机中很难找到这么完整的样本。所以，2020 年金融大动荡实际是"百年难遇"的，我

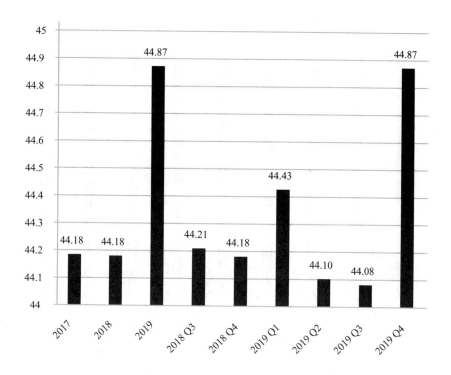

图 5　美国经济中非金融类企业金融资产/总资产（无季节调整，%）

称之为"识别金融动荡的五大阶段"。

　　大萧条时期，实际宏观政策是自由放任的，所以，大萧条结束之后，凯恩斯于 1936 年出版了《通论》，对自由市场带来的危机提出了现在宏观经济学里对冲性财政和货币政策，来干预这个市场。因此，美联储的救市、救助政策以及刺激性财政政策、货币政策，应该说使美国金融市场脱离了爆发全球性金融危机的可能，所以，3 月 23 日以后，全球金融市场基本同时触底反弹，美国的经济好转与第三季度失业率下降和前期刺激政策是紧密关联的。2020 年的大动荡是一次疫情的大冲击，所以不像 1929—1933 年大萧条前期通缩需求不旺；或像次贷危机是因为市场上的高杠杆带来的有毒产品，最后整个金融市

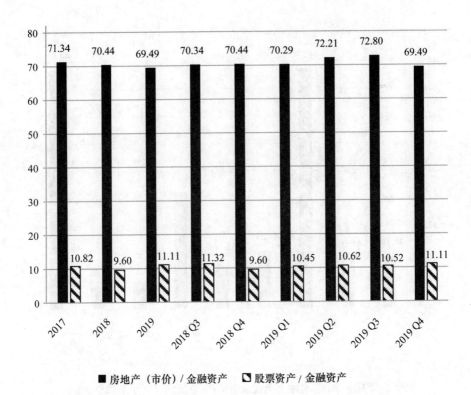

图 6 非金融类企业金融资产中房地产和股票资产占比（无季节调整，%）

场链条式塌陷引发了房地产次贷危机。

这次的危机是不同的，是外生冲击，也是从来没有遇见过的事件。所以，故事不同，美联储的应对也不同，结果也应该不同。这是我们对今年大动荡的基本复盘。

三　当前的状况：美联储"爆表"与美国股市

随着美国股市不断反弹，金融资产价格、房地产市场以及失业率下降、经济好转，当今是什么状况呢？自无限量化宽松后，美联储的总资产从 3 月份开始扩表的 4.24 万亿美元扩到现在的 7.15 万亿美元。由于美元是主导性的国际货币，相当于美联储或美国动用了全球资源来抗击疫情和稳定维护美国的金融市场，而这也成为当前国际货币体系面临的一个很大的问题。

美国三大股指到今天基本抹平，纳斯达克年初到 11 月 1 日，还涨了 21.6%，实际今天涨了百分之三十多。标普 500 指数年初到 11 月 5 日涨了大概百分之八点六几。美国的股市比年初除了道琼斯指数基本抹平以外，纳斯达克屡创新高，标普指数年初至今也涨了 8%，而美国的实体经济实际是深度下滑的。所以，美联储动用全球资源的救市行为带来的结果是使实体经济、疫情经济和疫情金融之间的大脱离。

金融资产恢复得非常快，非常迅猛，而实体经济的恢复非常艰难。金融市场恢复得快，它的估值已经有个非常清楚的、大家公认的指标或常用的指标 PE 市盈率。实际上，市盈率反过来就是投资收益率，比如 20 倍的市盈率，道琼斯指数在 2015—2019 年是 19.99%，那就意味着投资美国股市的年收益率是大约 5%。当前，纳斯达克的 PE 到了 68 倍，标普 500 已到 31 倍。所以，美国进入股市上的金融资产应该说处于高位。美国金融资产处于高位，对全球市场，外围角度来讲也是件好事，因为美国股市涨得很高，流入美国的资金就会减少，外国的流动性会有明显改善。当美国股市反弹到一定水平之后，从第二季度开始，全球外汇市场变动相对比较平稳，因为这时候流动性基本得到了解决。

近期，欧美疫情很严重，这是截至 10 月 31 日的数据，全球新冠肺炎感染人数突破 4500 万人，一周的数据涨了 300 万。美国 10 月 31

日确诊病例突破 900 万人，相当于每天 10 万人。可以看出，疫情风险的升级主要发生在欧洲和美国，这是当前全球疫情演化的基本态势。

疫情的演化导致美国金融市场在这期间也进行了一轮调整，从恐慌指数角度来讲，10 月 9 日 VIX 指数开始上升，一直上升到 10 月 30 日的 38.02；美元指数在这期间，也上升到 94。这轮恐慌，VIX 上升导致美元指数的同时上升，也会引发金融市场的再次调整。这期间，一些重要国家的股市跟着一起下跌，德国跌幅在 12%左右，日经、韩国和上证跌幅比较小。欧洲股市跌幅比较大和欧洲这轮疫情的升级有很大的关系，包括德国、法国、英国都开始宣布新一轮的所谓大封锁计划，这肯定会反映在股市价格的调整中。相反，疫情防控比较成功的国家，像中国、整个东亚地区的跌幅小很多，尤其是上证指数跌了不到 4%，这和年初金融大动荡时期的调整完全不一样。

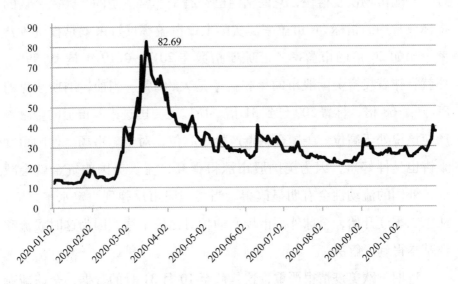

图 7　10 月 9 日起 VIX 开始上升，从 25 上升到 10 月 30 日的 38.02

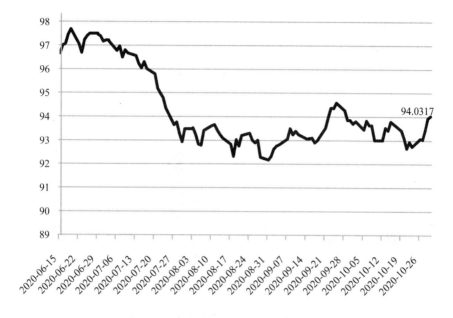

图 8　美元指数 10 月 30 日再上到 94，上一次的 94 是 9 月 28 日

四　思考未来

最近几天，随着美国大选不确定性在减弱，美股开始了连续几天的反弹。这是短期内金融市场的波动，无法预测，每天有涨有跌，但这个趋势可以通过整个市场基本面做一点探讨。

（一）未来之一：流动性不缺

整个全球金融市场流动性没有短缺。和全球主要的发达经济体央行扩表幅度对比：第一次扩表是 2007—2010 年；第二次扩表是 2019年年底—2020 年，都有相应的截止日期。截至 10 月 28 日，美联储资

产负债表规模为 7. 15 万亿美元，欧元区截至 10 月 23 日也有 6. 78 万
亿欧元。美联储的资产负债表扩张了接近 2. 9 万亿美元，欧洲区资产
负债表扩张了大概 2. 1 万亿欧元，爆表程度也是非常高。

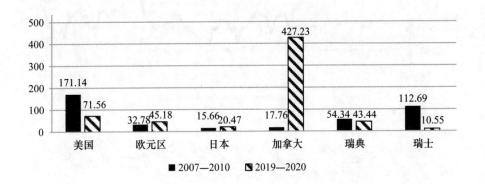

图 9　资产负债表涨幅（%）

注：2020 年的数据。美国的截至 10 月 28 日（7. 15 万亿美元），欧元区的截至 10 月 23 日
（6. 78 万亿欧元），日本的截至 10 月 20 日、加拿大的截至 8 月底，瑞典和瑞士的均截至 9 月 30 日。

从涨幅和爆表幅度角度来讲，最大的是加拿大，去年到今年它的
资产负债表涨幅高达百分之四百多，几乎所有的经济体在这轮中都有
资产扩张，包括日本、欧元区。当然，这里面只讲了两次欧元区扩
表，实际欧元区在次贷危机之后的 2014 年，因为欧债危机问题，它
其中还有一次大规模的扩表。所以，全球主要发达经济体的央行资产
负债表如此扩表，实际流动性不缺。

整个市场目前来看或者从未来一段时间来看，不会存在流动性危
机，这是一个基本面的判断。在没有流动性危机的情况下，未来市场
会出现什么样的危机呢？最大的危机是，当流动性危机解除之后，疫
情持续，企业没有办法销售产品，失业率很高。那么导致企业没有现
金流，居民不就业就没有收入，就影响消费，就会出现企业和家庭的

债务偿还风险。所以，现在实质性偿付风险转化是未来刺激政策的救助要点。

（二）未来之二：防止流动性风险向偿付风险的实质性转化

货币政策将在继续维持金融市场稳定的基础上促进经济复苏。从这个角度来说，金融资产对美国经济有着最为重要的地位，这也已经成为美联储货币政策关注的要点。当市场有下挫趋势的时候，美联储马上把主街信贷计划从原来的 25 万美元降到 10 万美元这个门槛，鼓励更多的相对小一些额度的贷款。鲍威尔最近也讲，他还有一些工具维护金融市场稳定。换言之，保持资产价格的稳定，不要出现大规模的下跌，实际已经成为美联储货币政策的要点。

在财政政策方面，由于疫情的持续与市场需求的萎缩，进一步大规模救助肯定是必然的。不管是美国还是欧洲，在未来还会出现一轮甚至多轮大规模救助计划。在这种情况下，我们接着讲一下人民币汇率问题。由于美国财政大规模支出，居民消费实际是保证美国经济第三季度上扬的一个最核心的因素。但因为美国和欧洲疫情问题导致的封锁，它的生产能力很难得到释放。比如美联储设备使用率71%，正常情况下设备使用率会达到78%—80%，也就是说8个点左右的设备使用率没有使用，生产能力跟不上。他又要消费，所以要扩大进口，美国经常账户的赤字会进一步扩大。7 月份，美国经常账户货物贸易一项赤字超过 800 亿美元，这是美国过去这么多年来第一次单月货物进口贸易赤字达到 800 亿美元；8 月份也是，大概达到 838 亿美元。所以，美国赤字带来外围经济体的盈余会增加，1—9 月份，我们的外汇盈余、经常账户盈余 3200 多亿美元，这也是支持人民币近期升值的基本因素。人民币最近进入升值阶段主要两个原因：

1. 它是疫情汇率，贸易保证了顺差。

2. 中国的政策性利率现在百分之三点八几，美国的政策性利率是零，我们国债收益率达到3%，美国十年期的国债收益率0.8%左右，双方存在着明显的利差，金融和贸易是促进人民币升值的重要因素。

（三）未来之三：全球不平衡加重

由于生产能力得不到释放，但财政政策又刺激消费，这时候就要进口，随着进口，很显然经常账户赤字会更大。同时由于疫情带来全球贸易的紧缩，实际你想出口，市场需求大幅度下降，也很难提升出口，除非有独特的产品工艺。所以，全球的不平衡，经常账户利差会带来新一轮不平衡。这也是疫情使美国经常账户赤字扩大的很主要的原因，因为全球贸易、出口都出现了大幅度萎缩。

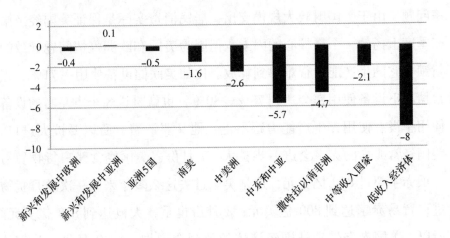

图10 2020年不同区域经常账户顺差占GDP的比例（%）

（四）未来之四：全球债务膨胀，低利率时代将会延续

今年 10 月份，IMF 出了财政监督的报告，发达经济体 2020 年政府债务/GDP 比例能达到 104.8%，按照最新的预测是 123.9%，2021 年将达到 124.7%，这意味着发达经济体政府债务/GDP 比例将达到从 1880 年以来的历史峰值。如果按照 2021 年的预测 124.7%，就是超过第二次世界大战之后 1946 年的 124.1%。所以，发达国家经济体的债务和 GDP 之比创近 200 年来的新高。

从当年赤字率角度来讲，2020 年属于始料未及的外生冲击，财政政策担当是个必然。2020 年发达经济体的财政政策整体水平占 GDP 的 12.7%，而新兴市场、中等收入经济体以及低收入发展中国家财政赤字占 GDP 的比例均为 10.7%，都达到了历史的新高。新兴经济体政府债务存量/GDP 没有发达国家那么高，约为 65%，但也创了过去历史的新高。所以，不论是从 2020 年这一年的财政赤字还是从上百年长时间序列观测政府债务占 GDP 比例，都会发现债务膨胀创新高。唯一好的情况是低利率时代会延续，债务还债压力会减轻。美国今年 3 月份以来，政府债务膨胀速度很快，涨了差不多有 3 万亿美元，但它实际偿还利息和过去比反而是下降的，就是因为它筹资债务的成本大幅度下降。这也是随着债务的膨胀，同时伴随着利率成本的，债务的滚动管理成为了可能。

（五）未来之五：2020 年的关键词："大分化"

面对这样一次疫情的大冲击，全球不同的经济体对疫情的防控采

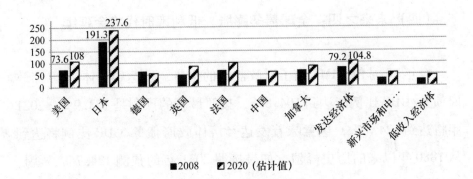

图11 全球部分重要经济体的政府债务/GDP（%）

取了不同的办法，同时全球不同的经济体财政状况也是不一样的。金融市场的基本面也是不一样的，在外生大冲击下，它出现大分化是必然。

1. 全球利率水平的大分化，所有发达经济体都是零利率或者负利率，全球负利率的国债规模已突破17万亿美元。这样的大规模国债都是负利率，因为国债是无风险利率，导致它的利率处于极低的水平。当然，有些全球经济体出现通胀，它的利率维持在比较高的水平。所以，利率水平全球大分化。

2. 全球股票市场也会出现大分化，美国股市反弹得很好，中国疫情防控取得了战略性的成果。所以，我们的股市从年初至今也反弹得很好，比如科创板涨幅应该甚至是全球最高的。不同的经济体的股市，像欧洲股市目前普遍处于15%—20%左右的水平，因为欧洲股市首先没有那么大的刺激，疫情很严重，年初至今还是下跌的。

3. 不同行业也会大分化，有些企业抗疫能力很强，有些企业和抗疫产品有关的，它的现金流量就会比较好，不是因为疫情本身能带来现金流的企业影响很大，尤其是大公司对交通、餐饮等行业的影响就会非常大。所以，美国股市的上涨，通常讲的五大科技股：苹果、亚马逊等涨幅都非常巨大，现在五家公司加起来的市值接近标普 500 1/4，苹果市值突破 2 万亿美元，这些行业抗疫能力很强，从第三季度季报可以看出，利润同比是增长的，像这种大公司可以增长百分之二十多。全球经济 2020 年，按照现在的预测普遍会下跌 3.8%—4.5%，一个企业利润能增长百分之二十多，由于其他行业对疫情的反应差异很大，所以会出现大分化。

4. 外汇市场也会出现大分化。金融动荡里，很多外汇市场货币贬值百分之二十多，当它们没有美元流动性时，在外汇市场上它的货币就会大幅度贬值，相反，美元流动性充足的市场，外汇市场的波动幅度就会好很多。

5. 全球经济体增长预期也会大分化。2020 年，按照现在的预测，中国肯定是全球大经济体中唯一保持正增长的经济体，目前预测的区间大约在 2% 左右的水平。美国和欧洲经济都是深度下滑，或者说深度衰退，美国现在预计是 –4% 左右的负增长。这和疫情防控措施有直接的关系。

6. 疫情带来了全球力量的对比会发生变化，有人会增长，有人会衰退。在疫情之前几年，世界上的贸易摩擦还是很严重的，所以，未来世界经济格局的大分化也是必然。

新全球化，全球化的大势不可挡，这次疫情大家可以看到，中国的产业链和供应链的地位得到了进一步提升。按照 WTO 统计，1—7 月份，中国经济、进口/出口都是全球第一。疫情经济和疫情金融之间的大脱离在未来一段时间还会持续，货币政策已经成为欧美央行非常关注的要点。所以，全球的金融风险或金融大动荡在不出现不可控和不可预测因素的条件下，金融大动荡应该不会回来了。未来市场的调整、波动很正常，不管是股票市场、债市还是汇市，都有可能出现大的波动，全球疫情的反复存在很大的不确定。但无论如何，回顾今年全球的变化，实际上对我们思考未来都是极有价值的。

资产胀、物价缩：美国经济的
冰火两重天还会持续多久？

2020 年 12 月 7 日

对冲疫情大冲击的宏观政策，直接带来了美国金融市场资产价格的超级修复。截至 2020 年 12 月 6 日，美国三大股指标普 500、DJ 和 NASDAQ 的 PE（TTM）分别为 35.7、29.2 和 72.2，分别比 2015—2019 年年均 PE 上升了约 60.0%、46.1% 和 115.6%（见图 1）。与此同时，标普 500、DJ 和 NASDAQ 的 P/B 分别达到 3.96 倍、6.33 倍和 6.16 倍。美国股指中 DJ 已经突破 3 万点大关，创历史新高，截至 12 月 4 日收盘，达到了 30218.26 点；NASDAQ 屡创新高，达到 12464.23 点；标普 500 也创历史新高，达到 3699.12 点。美国股市的涨幅不仅收复了年初至 3 月中下旬金融大动荡的跌幅，反而屡创新高。截至 12 月 4 日，美国股市上市公司家数达到 5139 家，市值超过 55 万亿美元，占据了全球股市 55% 以上的市值，成为全球的超级股票市场。

从美国房地产市场来看，次贷危机爆发后，美国经济中的房价经历了一个显著的下降过程。从 2007 年 2 月份一直下降到 2012 年的 1 月份，降幅达到 26%，完成了一个深度调整。此后，美国房价基本没有跌过，反而在屡创新高，截至 2020 年 9 月房价指数达到 225.52（见图 2）。在新冠肺炎疫情暴发后，从 3 月到 9 月美国房价指数上涨

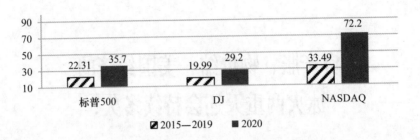

图 1　美国三大股指的 PE（TTM）对照

数据来源：WIND。

了 4.03%，反而实现了温和的上涨。截至 2020 年 10 月，按照季节调整的年率数据来看，美国私人拥有新房的数量达到 153 万单位，这一数据远超过 2018—2019 年的月均 127.2 万单位，接近 2019 年年底的数据。因此，美国房地产市场表现相当坚挺，疫情完全没有冲击到美国的房地产市场，美国房地产反而表现出量价齐升的局面。

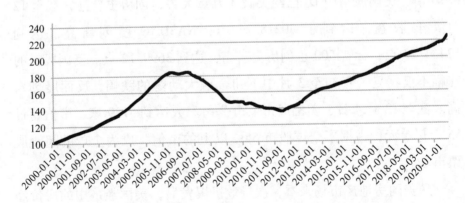

图 2　S&P/Case－Shiller 美国房屋价格指数（Jan 2000 = 100）

数据来源：Federal Reserve Bank of St. Louis。

　　从市场底层的国债价格来看，美债价格也是创新高。国债收益率处于历史的低位。截至 12 月 3 日，美国 10 年期国债收益率为 0.92%，相比 8 月 4 日的最低收益率 0.52% 有明显上涨，但相对于 2019 年年底 1.9% 左右的收益率来说，已经下降了一半以上。

从美国经济中的物价水平来看，10 月份 CPI 同比上升 1.2%，反映消费者支出的 PCE 物价水平同比增长率从今年年初的 2.1% 左右下降到 10 月份的 1.7% 左右①。美国经济中的通胀水平也低于 10 年国债盈亏平衡的通胀预期水平。依据圣路易斯分行的数据，12 月 3—4 日美国 10 年期国债盈亏通胀率为 1.86% 和 1.89%。因此，目前美国经济中的物价仍处于低水平，延续了次贷危机以来长达十多年之久的低通胀状态。

从就业来看，依据美国劳工部的数据，2020 年 11 月，美国经济中的失业率已经下降到 6.7%，与 4 月份峰值 14.7% 相比，已经大幅度下降。申请失业金的人数持续下降，截至 11 月 28 日为 71.2 万人，相比 3 月份超过 680 万人申请失业金，美国就业市场状况已经得到了很大的改善。

从工业生产来看，依据美联储圣路易斯分行的数据，2020 年 10 月美国工业生产指数总指数环比上升 1.1%，达到 103.2054（2012 = 100），为 2015—2019 年月度均值的 97.61%，为 2018—2019 年月度均值的 94.66%。从设备使用率来看，受疫情冲击，2020 年 4—5 月是低点，月度均值为 64.52%，到了 10 月份上升到 72.75%，相比 2015—2019 年的月度均值下滑了 5.5%。与 2020 年年初 1—2 月份相比也下滑了大约 5.4%。因此，虽然目前美国经济中的生产能力有明显恢复，但与正常水平相比，仍有不小的下滑（见图 3）。

---

① Trimmed Mean PCE Inflation Rate, Percent Change from Year Ago, Monthly, Seasonally Adjusted. Federal Reserve Bank of St. Louis.

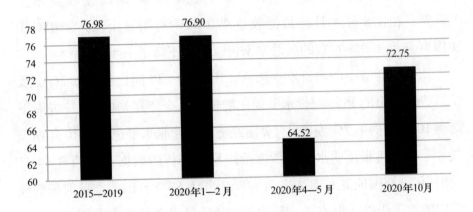

图3　美国经济中的设备使用率（月度，季节调整，%）

数据来源：Federal Reserve Bank of St. Louis。

尽管目前美国新冠肺炎疫情依然严重，美国经济正处于修复之中，但与金融市场资产价格的超级修复相比，仍处于冰火两重天的境况。

那么问题就来了，疫情经济与疫情金融的大脱离在持续上演。美国实体经济和金融市场这种冰火两重天的状况还要持续多久？进入2021年美国金融市场是否会出现类似3月份金融大动荡的剧烈调整？这个问题实在很难回答。但我们可以做一些大致的思考。

首先，市场如何理解美联储和美国财政部的新一轮刺激政策至关重要。美联储的货币政策已经松到了极致，尽管仍有货币政策工具可用。按照目前市场的预期，严重的疫情起码要持续到2021年春季，这一段时间，美国的宏观政策主要看总统换届后新一轮大规模的财政刺激取向，以及美联储与美国财政部赤字政策的配合。美联储还能买多少美国国债？截至2020年12月3日，美联储资产负债表的总资产中持有美国国债数量大约4.61万亿美元，占美联储总资产的63.8%；

2020年1月2日美联储总资产为4.17万亿美元，持有的国债数量大约2.33万亿美元，美国国债占美联储总资产的55.8%。这意味着美联储在2020年大约增持了2.3万亿美元的美国国债。如果按照目前3万亿美元的赤字来看，相当于美联储包揽了美国财政赤字融资的接近60%。因此，美联储下场买债，买多少，如何买，将直接决定国际金融市场无风险利率中枢的变化和无风险利率期限结构的变化，而利率变化将会直接反映在美国股市的估值上。

其次，市场对科技股的风险偏好何时发生逆转也是直接决定美国股市调整的重要因素。美国股市过大幅度的超级修复与市场投资者对以苹果公司为代表的五大科技股的狂热追捧有直接关系，这五大科技股市值占到了标普500成分股市值的大约1/4。最近，特斯拉又异军突起，成为市场追捧的热点。目前NASDAQ的滚动市盈率已经突破72倍，这意味着风险资产的年收益率不足1.5%！美国股市对科技股成长性的乐观预期是助推美国股市出现超级修复的重要力量。

笔者认为，疫情经济背景下，上述两个因素是未来一段时间左右美国股市变化的核心因素。至于通胀预期，还要等待观察，尤其是要看疫苗大规模使用的时间和效果。至于原油，恐怕难以走得较高。在各方都缺钱的情况下，只要需求有上升，原油供给方的增产计划立马就会出现。通胀恐怕还是要耐心等待居民消费的逐步修复和扩张，才会有助推物价上涨的坚实而持久的基础，这显然需要一个相对长一些的时间。

2021 年人民币对美元还有升值的空间

2020 年 12 月 17 日

截至 2020 年 12 月 16 日上午 11 时,年初至今人民币对美元升值了 6.07%;如果用美元兑人民币汇率最高点 5 月 22 日的收盘价计,人民币对美元升值了 8.7%;如果以 7 月 30 日人民币汇率破 7 至今来看,人民币对美元升值了 6.8%。而且 2020 年下半年开始,人民币出现了脱离美元指数单边升值的态势,而且幅度不小。

从全球主要货币对美元的汇率变动来看,都是升值的。我们以 3 月 23 日美联储开启无上限宽松的货币政策为节点,截至 2020 年 12 月 16 日上午 11 时,美元指数为 90.48,这一期间美元指数下跌了 11.69%。美元指数中的货币欧元、日元、英镑、加元和瑞士法郎分别对美元升值了 13.33%、6.86%、16.47%、14.22% 和 10.04%(见图 1)。

全球主要货币对美元普遍升值,只有一个理由,美联储放太多货币了,美国刺激性政策的力度远超其他主要经济体刺激性政策的力度。相对而言,3 月中下旬至今,人民币对美元的升值幅度还是比较"克制"的。

尽管人民币对美元的升值幅度不小,2021 年人民币应该还有一定的升值空间,这是因为支撑人民币对美元升值的基本面还会持续一段时间。主要涉及以下因素:

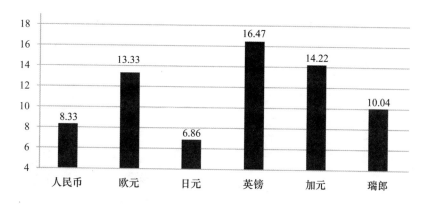

图1　全球主要货币对美元的升值幅度（3 月 23 日—12 月 16 日，%）
数据来源：WIND。

一是疫情汇率。疫情背景下人民币汇率走强的基本格局尚没有改变。疫情汇率体现在出口的超预期还会延续一段时间，还会有经常账户下大规模的贸易顺差。目前，美欧疫情风险升级，新一轮的封锁或者隔离措施会导致美欧生产能力受到约束。依据美联储圣路易斯分行的数据，2020 年 11 月份美国经济中设备使用率指数为 73.01%，与 2018—2019 年的均值相比，要低大约 5 个百分点。市场普遍预期美国新一轮的刺激计划会到来，刺激美国居民的消费。在这种背景下，中国经济中的高出口还会持续数月，还会出现大规模的经常账户顺差。

二是中外存在较大的利差。中外利差也是决定人民币升值的基本面。目前中国央行政策性利率与美欧央行政策性利率的溢价保持在 3.8 个百分点左右。中美国债市场也保持着显著的收益率差。依据 WIND 和美国财政部网站提供的数据，从 12 月 16 日的数据来看，美国国债 1 年期和 10 年期的收益率分别为 0.09% 和 0.92%；中国 1 年期和 10 年期国债收益率分别为 2.7888% 和 3.2777%（见图 2）。

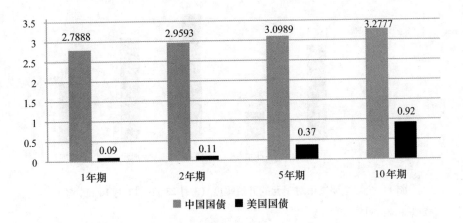

图 2 中美不同期限国债收益率差（12 月 16 日，%）

三是对中国资本市场金融资产的需求会助推人民币升值。在全球负利率债券存量高达 18 万亿美元的背景下，中国国债成为极具吸引力的投资品种。除了中国国债存在明显的吸引力外，中国股市相对也具备一定的吸引力。除了个别板块以外，整个股市的 P/E 和 P/B 并不高，具有一定的投资价值。

四是美元供给的进一步增加。美国新一轮的财政刺激政策，会进一步加大国际金融市场上美元的供给。今年以来，美联储总资产扩张了 3.1 万亿美元。随着新一轮刺激计划的到来，美联储资产负债表还会扩张。因为随着市场美元供给的增加和美国国债极低的收益率，美国国债对国际投资者的吸引力下降，购买美债成为美联储资产负债表扩张项目中最大的一项。截至目前，2020 年美国财政赤字中的大约 60% 是通过美联储来融资的。

五是美股虹吸效应递减。美股价格如此之高，美国金融市场的虹

吸效应进入边际递减区域。图 3 显示了截至 2020 年 12 月 16 日上午
11 时美国三大股指的 P/E，可以看出已经远超 2015—2019 年的数值。
尤其是 NASDAQ 的 P/E 高达 74.5，在极度宽松的货币政策下，股市
风险资产的年收益率被稀释至不足 1.5%，股市价格的泡沫正在累积。

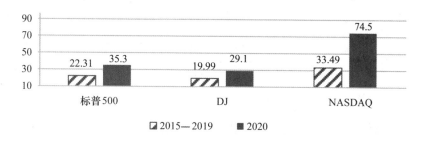

图 3　美国三大股指的 P/E（TTM）对照

数据来源：WIND。

　　六是偏弱的美元可能会成为新一届美国政府的选择。依据美联储
圣路易斯分行网站提供的数据，2019 年 1—10 月美国货物贸易和服务
业贸易赤字 5366.92 亿美元，其中货物贸易赤字高达 7382.68 亿美
元。从货物贸易赤字来看，2020 年 7 月美国经常账户货物贸易逆差突
破 800 亿美元，达到 808.13 亿美元。这是美国历史上首次单月货物
贸易逆差突破 800 亿美元，即使在 2008 年次贷危机期间，美国单月
货物贸易逆差最大值也仅为 776.28 亿美元（2008 年 7 月）。2020 年 8
月货物贸易逆差达到 838.6 亿美元，再创单月货物贸易逆差高点。
9—10 月份两个月的货物贸易赤字分别为 807.75 亿美元和 814.10 亿
美元，连续 4 个月货物贸易赤字突破 800 亿美元。随着 2021 年美国
经济生产能力的逐步恢复，再加上偏弱的美元有助于缩小美国经常账
户的逆差，推进外部平衡。

七是全球外汇储备结构的调整也会带来美元走弱。通过以上讨论,我们发现,美联储的货币政策将面临两难选择:首先是,美国新一轮的财政刺激计划的筹资从哪里来?美国财政部账上还有大量的现金,是花掉账上的现金,还是由美联储扩大资产负债表来融资?其次,如果通过美联储进一步买债融资,那么美元供给的增加,会加速美元的贬值。如果花掉财政部的钱,疫情存在的不确定性,也会导致市场对美元的贬值预期。在这种预期下,在全球主要货币对美元普遍升值的背景下,外汇储备的结构会发生调整,配置更多的非美元外汇,会导致美元有贬值压力。

综上所述,2021 年人民币继续一定程度升值应该是大概率事件。当然,人民币升值对中国出口企业的财务压力已经逐步显现出来。换一个视角来看,在过去强制性的结汇售汇制下,很大程度上是国家代替进出口企业管理汇率风险,但这并不利于企业培养出管理汇率风险的意识和能力。此轮人民币的升值对进出口企业来说,如何利用好金融市场的汇率风险管理工具来管理风险是一次考验。从长期来看,企业基于市场化管理外汇风险的能力始终是要培养的,这也是此轮人民币汇率升值的成本和收获。

美国经济或将在主要发达经济体中率先修复

2020 年 12 月 24 日

最近一段时间，美联储发布的几个消息值得关注。首先，12 月 18 日，美联储对银行进行了第二次压力测试。测试结果显示，大型银行在两次单独假设的衰退中拥有强劲的资本水平。两次单独假设的压力测试包括两种全球严重衰退的假设情景。第一种情况是失业率飙升至 12.5%，然后下降到 7.5% 左右；第二种情况是失业率达到 11% 的峰值，然后再略微下降到 9%。在这两种情况下，大型银行的亏损总额将超过 6000 亿美元，远高于今年首次压力测试。然而，在更严重的情况下，它们的资本比率将从 12.2% 的平均起点下降至 9.6%，远高于 4.5% 的最低水平，所有公司基于风险的资本比率将保持在规定的最低水平以上。2021 年第一季度，股息和股票回购都将根据过去一年的收入限制在一定数额内。如果一家公司没有收入，它将无法支付股息或回购。这就是说从明年开始转变，允许有钱的大型银行回购公司的股票。其次，同一天，美国联邦储备委员会投票决定将逆周期资本缓冲（CCyB）维持在目前 0% 的水平。

上述两个决定给出了清晰的信号：一是美国大型银行业资产负债表状况属于健康，尚未发现出现系统性风险的苗头；二是逆周期资本缓冲维持在目前 0% 的水平，继续鼓励银行信贷。

前两个月美联储修改通货膨胀目标制，由原来的绝对值 2%，变为一个时期（尚未公布具体时间长度）平均2%，甚至更高一点的平均弹性通货膨胀目标制，这将允许美联储的宽松货币政策更加灵活。进一步结合最近美国两党达成的9000亿美元抗疫刺激方案，按照家庭年收入低于7.5万美元的家庭成员每人直接一次性补贴600美元，失业人群每周获得300美元的失业补助金。同时，该方案中将有接近3000亿美元小企业贷款计划。

再看疫苗订购和接种情况，按照目前的数据，美国订购的新冠疫苗数量在主要发达经济体中是全球最多的，并在2周前开启首批新冠疫苗接种。2021年1月20日美国新总统拜登入主白宫，疫情防控可能会采取进一步的措施。

上述近期的重要信息，综合在一起，其基本结论就是：美国想实现历史上大冲击下经济衰退时间最短的修复和复苏，宏观政策激进而大胆，本质上是靠美元主导的国际货币体系发行货币，动用全球资源来抗疫。截至目前，今年以来，美联储购买了美国财政赤字债务融资的大约53%。

当前美国实体经济状态如何？从最近12月份美联储的预测来看，2020年美国GDP下降2.4%，这个数字与2020年年中的预测相比已经大幅度上升，9月份的预测还是-3.7%。从第三季度实际GDP来看，环比增长33.4%，略好于预期的33.1%。从就业来看，11月份失业率为6.7%，仍处于比较高的水平。

从另外一些重要的指标来看，实际个人可支配收入状况与2008—2009年次贷危机时期完全不同。依据美联储划分的次贷危机衰退期，可以看出从2008年第一季度到2009年第三季度，美国居民个人实际可支配收入的增长率是非常缓慢的，其中2009年第二季度出现了同比0.6%的下滑。2020年新冠肺炎疫情冲击下，激进的财政救助和刺激政策导致美国居民个人实际可支配收入是大幅度增长的。2020年第二季度和第三季度同比增长率分别高达12.2%和6.8%（见图1）。

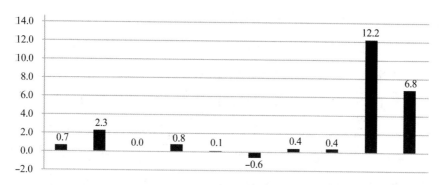

2008Q1 2008Q2 2008Q3 2008Q4 2009Q1 2009Q2 2009Q3 2020Q1 2020Q2 2020Q3

图1　次贷危机时期和新冠肺炎疫情冲击美国居民个人
实际可支配收入同比增长率（%）

数据来源：Real Disposable Personal Income，Percent Change from Quarter One Year Ago，Quarterly，Seasonally Adjusted，Federal Reserve Economic Data.

美国居民储蓄率也出现了急剧的上升，4月份高达33.7%，之后一路下降，10月份依然高达13.6%，这在美国经济中已经是很高的居民储蓄率了。激进的财政刺激政策增加了美国居民的可支配收入，提高了美国居民的储蓄率。

从个人消费支出来看，从季节调整的年率来看，10月份为14.64万亿美元，比4月份12.11万亿美元上涨了2.53万亿美元，但距离疫情暴发前1—2月份均值14.88万亿美元的水平还有一点差距。其中耐用品的消费创历史新高，2020年11月份达到约1.79万亿美元，4月份低点时只有1.2万亿美元。11月份耐用品的消费已经是2019年月度均值的116.6%。

从美国居民家庭和为住户服务的非营利机构部门（NPISHs）的债务偿还能力来看，依据 BIS 提供的最新数据，2020 年第二季度的债务服务比例为 7.5%，为 2015—2019 年季度均值的 94.3%；2020 年第二季度私人非金融部门的债务服务比例为 15.1%，为 2015—2019 年季度均值的 104.25%，比例略有上涨。因此，从家庭和私人非金融部门的财务状况来看，还是比较健康的。

从工业生产来看，依据美联储的数据，11 月份美国工业生产指数为 103.98（2012 = 100），与疫情暴发前的 2020 年 2 月相比，仍有较大差距，大约为 2020 年 2 月的 95.14，但已经达到 2015—2019 年月度均值的 98.34%。生产指数从 4 月份最低点 91.27 基本实现了连续 7 个月的修复。从设备使用率指数来看，11 月份为 73.31%，与疫情冲击前的 2 月份 76.93% 相比，还差约 3.6 个百分点，是 2015—2019 年月度均值的 95.23%。

从制造业企业存货销售比来看，已经从 4 月份的高点 1.7 降至 10 月份的 1.38，这是 2015—2019 年月度的均值水平。次贷危机时期 2009 年 1 月也达到过高点 1.59。从这一指标来看，今年新冠肺炎疫情的冲击程度要远大于次贷危机时期企业销售受到的冲击程度。

从私人投资来看，2020 年第三季度总私人投资约 3.69 万亿美元，比第二季度约 3.13 万亿美元的水平有大幅度的修复，但仍然未达到 2019 年第三季度约 3.76 万亿美元的水平。总体上看，私人投资有较为明显的修复。

从金融市场来看，在极低利率和宽松货币政策的刺激下，美国的金融市场整体已经呈现出超级修复的态势。

在上述背景下，美国又开始了新一轮 0.9 万亿美元的抗疫刺激计划，表明了美国使用这种激进大胆的宏观政策就是想要在主要发达经济体中率先实现美国经济的修复和复苏，希望占据下一步全球博弈的有利位置。

从美国一轮接一轮的刺激政策可以看出，美国经济竞争战略发生了重大变化。美国是在最大化地使用美元国际货币体系的优势，通过自主性的刺激政策把这种优势兑现为自私的经济修复和竞争优势，从而反过来去进一步维持美元国际货币体系，而不顾美元流动性泛滥给其他经济体带来的冲击。如果美国经济在主要发达经济体中率先修复并复苏，那么国际金融市场对流动性泛滥下的美元看法就会发生变化。这也许是美国采取如此激进刺激政策的深层原因。

2020 年经济理论学术年终盘点

2020 年 12 月 28 日

在人类的发展历史中，2020 年是极其不平常的一年。突如其来的新冠肺炎疫情肆虐全球，给世界经济带来了巨大的负面冲击，导致全球经济深度下滑。为了应对疫情的冲击，发达经济体纷纷出台了超级规模的救助和刺激政策应对冲疫情的冲击，导致零利率甚至负利率盛行。2020 年中美经贸关系不断恶化，美国采取了"实体名单"等多种措施恶意打压中国高科技企业的发展。为了应对来自某些发达经济体恶意的逆全球化政策，中国以全球视角主动提出双循环新发展格局。2020 年疫情冲击导致了行业大分化，依托互联网平台类的大型科技公司逆势扩张，垄断资本对经济社会造成的不利影响受到重点关注，金融科技与金融稳定之间的冲突凸显。2020 年的新冠肺炎疫情冲击加速了百年未有之大变局的演进。2020 年是众多传统经济金融理论受到挑战的一年，也是经济理论反思与创新的一年。

一　财政赤字货币化：现代货币理论（MMT）的争议

现代货币理论的基本逻辑在多个方面挑战了主流观点。第一，现代货币理论认为财政支出可以先于财政收入，政府完全可以偿还以本国货币支付的债务，而不必担心会破产，而在主流理论中，政府是先有收入，后才有支出。第二，现代货币理论认为央行可以创造货币来为财政买单，实施财政赤字货币化；而主流观点认为央行应该独立于财政，央行具有独立性。第三，现代货币理论认为财政赤字不可怕。政府应使用财政政策实现充分就业，创造货币来为政府支出提供融资，只要没有明显的通胀风险，财政扩张和赤字政策就不用担心，并倡导央行实行永久零利率或接近零利率的隔夜利率，从而降低政府的融资成本。2020 年 3 月份开始，全球主要发达经济体用超级宽松的宏观政策去对冲疫情的负面冲击和金融市场的剧烈下挫。从出台的全球宏观政策来看，财政政策和货币政策等方面都不同程度地耦合了现代货币理论的政策主张。2020 年发达经济体激进的宏观政策是否是现代货币理论与政策的实践，是否会带来国际货币信用的下降，引发了经济理论界的大讨论。

二 零利率甚至负利率：利率流动性陷阱与 资产估值体系的重构

发达经济体超级宽松的货币政策带来的零利率甚至负利率颠覆了传统的资本生息理论，也颠覆了资产价格的估值体系。在零利率甚至负利率的条件下，传统的货币政策利率传递机制失效，进入流动性陷阱阶段。目前全球负利率债券、政府债券数量高达 18 万亿美元，零利率和负利率条件下，央行只能靠其他非常规货币政策手段刺激经济，比如进一步的 QE、利率收益曲线管制等。一方面导致经济中货币量急剧增长，另一方面扭曲了资产价格的估值体系。这是部分发达经济体，尤其是美国资本市场资产价格出现超级修复的核心原因。美国无风险资产极低的收益率，导致资产价格的贴现率中枢大幅度下移，降低了市场风险偏好，推高了资产价格。零利率甚至负利率导致的流动性陷阱引发了关于货币政策的有效性和资产估值体系重构的大讨论。

三 双循环新发展格局：中国新开放政治经济学

2020 年 8 月 24 日，习近平总书记在经济社会领域专家座谈会上再次强调："要推动形成以国内大循环为主体、国内国际双循环相互促进的新发展格局。这个新发展格局是根据我国发展阶段、环境、条件变化提出来的，是重塑我国国际合作和竞争新优势的战略抉择。"新发展格局重点在于创新，突破"卡脖子"技术，形成关键技术的国内产业链闭环，维护产业链的安全性，畅通国民经济循环；坚持供给侧结构性改革和需求侧管理，形成强大的国内市场；坚持深化改革开放，破除制约国内大循环和国内国际双循环畅通的制度、观念和利益障碍，加快构建高水平的开放型经济新体制。"双循环"新发展格局的提出具有鲜明的时代性。"双循环"展现了中国促进全球平衡发展、包容发展的价值观，也体现了中国对相互依存的世界经济的深度思考和精辟诠释，更是对全球生产力与生产关系变化了的深刻理解与运用。"双循环"是对马克思主义关于生产力与生产关系思想在开放体系下的创新发展和运用。以"双循环"构建中国新开放政治经济学已经成为中国经济理论迫切需要研究的重大课题。

四 "大而不能倒"：新型技术垄断资本的规制

"大而不能倒"一直是经济理论和实践中关注的热点问题。大型金融机构依靠强大的资本，在经济和金融领域追逐资本利益，在形成"赢家通吃"获取垄断利润的同时，通过资本杠杆的扩张给宏观经济带来了潜在的重大风险。在 2020 年疫情冲击下，依托互联网平台类的大型科技公司具备明显的技术抗疫优势，通过高杠杆，实行资本无序扩张，与民争利，给社会就业和稳定带来了不利影响。尤其是少数具备重要金融基础设施特征的科技公司，被称为新型"大而不能倒"的公司，其高杠杆导致了潜在的系统性金融风险。欧美也开启了对科技巨头反垄断的浪潮，拆分或者征收数字税已经提上日程。今年年底召开的中央经济工作会议提出要加强规制，提升监管能力，坚决反对垄断和不正当竞争行为，金融创新必须在宏观金融审慎监管的前提下进行。"强化反垄断和防止资本无序扩张"是 2021 年要抓好的重点任务之一，再次引发了市场对新型"大而不能倒"风险的热议。

2021 年世界经济面临的三大核心问题

2020 年 12 月 28 日

2021 年世界经济面临两个最大的不确定性。一是新冠肺炎疫情持续冲击带来的不确定性。截至 12 月 27 日，依据霍普金斯大学提供的数据，全球新冠感染人数超过了 8000 万，2 个国家新冠感染人数超过 1000 万，美国接近 1900 万，印度超过 1000 万；17 个国家新冠感染人数超过 100 万。二是中美关系走向带来的不确定性。新冠肺炎疫情带来的不确定性直接决定全球经济的修复程度，也决定了全球扩张性政策是否会出现重大调整；中美关系的走向将决定世界经贸格局向何处演变。在上述两大不确定性的作用下，全球化走向、主权债务风险、全球金融市场稳定性成为 2021 年世界经济面临的三大核心问题。

一 全球化的走向：世界进入缓慢全球化时代

二战之后，在美国主导的国际经贸金融秩序下，世界经济经历了人类历史上最快的全球化时期，这一时期持续了大约 63 年。全球贸易开放指数从 1945 年的 10.14% 提高到 2007 年的 59.03%。次贷危机后，逆全球化开始抬头，到 2016 年全球贸易开放指数下降至 52.031%（见图 1）。2018 年中美贸易摩擦、2020 年新冠肺炎疫情冲击以及 2021 年英国正式脱欧，全球化遭到一定程度的逆转已成事实。

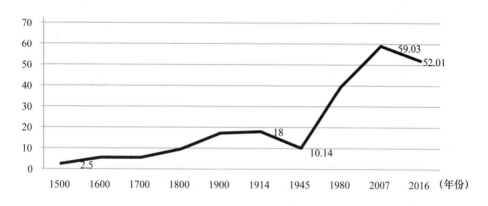

图 1　五个世纪以来全球贸易开放指数的变化（%）

数据来源：https：//ourworldindata. org/grapher/globalization－over－5－centuries。

　　未来全球化怎么走？不论美国是否改造 WTO，世界贸易的区域化已经成为现实的选择。因此，未来的全球化将是基于贸易区域化基础之上的全球化，这是一种新全球化的模式。美墨加协议、欧洲自贸区以及 RCEP 这些重要的自贸区协议，宣告了世界经济的三大增长极——北美、欧洲和亚洲均有自己的大型区域自贸区。

　　由于疫情冲击，全球经济体增长速度会进一步分化，各个经济体面临的困难不同，诉求也不相同，达成区域化贸易协议的成本低很多、现实性也高很多。对区域化经济发展来说，WTO 的作用已经被区域化更高水平的自贸区替代，WTO 发挥整体作用的边际作用递减。过去几十年全球化的好处不会被遗忘，但由于主要经济体之间的贸易摩擦和冲突，世界进入了缓慢全球化时代。

　　缓慢全球化时代，主要特征表现为三点。一是过于依赖别人带来的担忧和恐惧。尤其是新冠肺炎疫情冲击，公共卫生类产品的产业链外部风险暴露给本土疫情防控带来了很大压力。二是不同经济体之间技术竞争达到白热化。技术竞争成为全球博弈、规则制定和争夺国际市场份额与利润的战略，而不仅是全球分工、提高效率的手段。三是区域化发展依然是推动全球化的主要力量。三大特点决定了经济体出于对产业链安全性的考虑，全球产业链的长度会缩短，全球分工效率会下降。

二 主权债务的风险：主权债务重构或将提上日程

2020 年新冠肺炎疫情冲击，全球不同经济体采取了不同程度的对冲政策。整个宏观政策呈现出"大冲击、大对冲"的特点。发达经济体动员资源的能力很强，救助和刺激性对冲政策的力度远大于发展中经济体和不发达经济体政策的对冲力度，但发达经济体政府债务和新兴经济体债务水平都将出现历史的新高。按照 IMF 的预测 2020 年发达经济体政府债务/GDP 将达到 123.9%，接近历史最高点二战结束后 1946 年的 124.1%；而 2021 年将达到 124.7%，达到 1880 年以来的历史最高点。新兴市场经济体 2020 年政府债务/GDP 也将达到 62.5%，2021 年达到 65.3%，创历史新高（见图 2）。

尽管发达经济体债务累积的更多，但全球债务风险点应该不会先在最主要的发达经济体爆发，关注的重点在于部分新兴经济体的主权债务风险。最发达的经济体，美国和欧元区凭借其国际货币的优势，筹集债务的能力远超新兴经济体。美国在很大程度上是靠财政赤字货币化来筹集救助、刺激性政策所需要的资金。截至 2020 年 12 月 17 日，美联储资产负债表中的总资产已经超过 7.36 万亿美元，而 2020

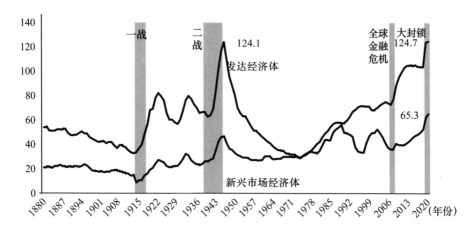

图 2　政府债务的历史演进（债务/GDP，%）

数据来源：IMF，Fiscal Monitor：Policies for the Recovery，October 2020。

年 1 月 2 日美联储的总资产大约 4.17 万亿美元。截至 2020 年 12 月
17 日，美联储资产负债表总资产中持有美国国债数量大约 4.66 万亿
美元，占美联储总资产的 63.3%；2020 年 1 月 2 日美联储总资产为
4.17 万亿美元，持有的国债数量大约 2.33 万亿美元，美国国债占美
联储总资产的 55.8%。这意味着美联储在 2020 年大约增持了 2.33 万
亿美元的美国国债。如果按照目前的美国国债全年增加了 4.32 万亿
美元的情况来看，相当于美联储包揽了美国政府接近 54% 的债务
融资。

　　由于制度设计的差异，欧洲央行不会为欧元区各国政府提供直接
的融资安排。截至 2020 年 12 月 18 日，欧洲央行总资产首次突破 7 万
亿欧元，约为 7.01 万亿欧元。为政府债务提供融资的不足 230 亿欧
元，欧洲央行重点在于为欧洲居民提供融资安排，该项的证券融资安
排接近 3.9 万亿欧元，占欧洲央行总资产的 55.6%。而 2020 年 1 月 3

日欧洲央行总资产为 4.66 万亿欧元，为欧洲居民提供融资安排一项大约为 2.85 万亿欧元。欧洲央行 2020 年全年扩表大约 2.35 万亿欧元，居民证券融资安排增加了 1.05 万亿欧元。另一项变动比较大的是向欧元区信贷机构发放与欧元货币政策操作有关的贷款，全年增加了大约 1.17 万亿欧元。

反观其他经济体，需要大规模地从外部借债。依据 BIS 提供的最新数据，截至 2020 年第二季度，美国以外的非银行借贷者的美元债务存量高达 12.62 万亿美元，与 2019 年年底相比，两个季度增加了4570 亿美元。2020 年第二季度新兴经济体美元债务存量高达 4 万亿美元，银行贷款债务占 52.5%，证券发行债务占 47.5%。尤其是拉美经济体，美元债务存量高达 1.064 万亿美元，其中阿根廷、巴西、智利、墨西哥的美元债务分别达到 1050 亿美元、1840 亿美元、1210亿美元、3160 亿美元。截至 2020 年第二季度，欧元区以外的非银行借贷者的欧元债务存量也达到 3.44 万亿欧元，与 2019 年年底相比，两个季度也增加了 1080 亿欧元。2020 年第二季度新兴经济体欧元债务存量达到了 7760 亿欧元。按照 IMF 的预测，拉美全年经济增长将下滑 8% 以上，拉美经济体中出现债务重组的可能性不低。

三 全球金融市场风险：努力降低
遭遇大冲击的概率

发达经济体极低的利率和无上限宽松的货币政策，直接导致了全球金融市场的超级修复，持续上演了实体经济与金融经济的大脱离。按照美联储最新的预测，美国经济在全年下滑 2.4 个百分点的情况下，美国三大股指均出现了不同幅度的上涨，其中纳斯达克大涨42.71%。中国的股市也实现了不同程度的上涨，其中创业板指大涨了57.99%。除了欧洲的英国、法国、意大利和中国的香港恒生指数出现下跌外，其他的股市均实现了不同程度的上涨。（见图3）

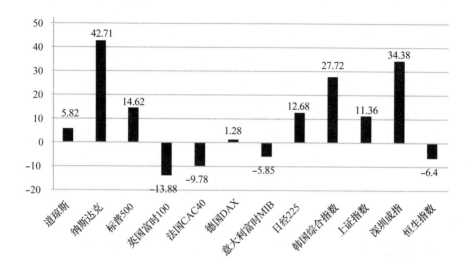

图3　全球股市年初至今的涨跌幅（%）

数据来源：WIND。

经历了今年3月中下旬的全球金融大动荡后，国际金融市场似乎适应了疫情，疫情对金融市场的冲击已经被迅猛的对冲性宏观政策完全压制，才出现了如此超级的金融修复。

2021年全球金融市场面临的最大风险是利率的上扬，尤其是美国国债收益率的上扬，这将直接导致全球利率的上扬。因为利润部分在"同比神器"的计算方式下，2021年的增长率整体好于2020年的增长率是大概率事件。这种利率的上扬风险可能来自多个渠道，极其复杂。首先，美国国债收益率的上扬不一定来自通胀预期的变化，尽管通常认为通胀预期是影响利率走势的核心要素之一。目前来看，随着疫情严重性的升级，除了欧美以外，亚洲的日本、印度疫情很严重，日本开始"封国"到 2021 年 1 月底。出于对未来疫情不确定性的担忧，居民总需求很难得到快速释放，全球通胀压力应该不算大。其次，美国马上开始新一轮总数量高达 9000 亿美元的财政刺激，资金的筹措也可能会导致利率上扬。再次，尽管有新的刺激，但 2021 年财政刺激力度会收缩，全球一旦开始考虑刺激性政策的淡出或者刺激力度的大幅度下降，就可能会引发利率上扬。最后，美元有走软的概率，这会倒逼美国金融市场利率的上扬。

因此，2021 年全球金融市场是否调整，以及调整的幅度将直接取决于国际金融市场利率是否上扬以及上扬的幅度。我们也要看到这一点，全球主要央行在资产价格的修复中投入了巨量的资金，即使财政刺激性政策一定收缩，货币政策的淡出也是渐进而缓慢的，尤其是美国的货币政策。截至 2020 年 12 月 23 日，美国政府债务存量高达 27.52 万亿美元左右，相对于 2019 年 12 月 31 日债务存量 23.20 万亿美元来说，增加了 4.32 万亿美元。新一轮的刺激导致美国政府债务还会增加，在美国经济没有明确修复之前，美联储应该不会允许美国无风险利率较大幅度的上扬，利率收益率管制工具或许会出现。美联储改为弹性平均通胀目标制也是不允许利率较大幅度上涨的一个强烈信号。

因此，由于 2020 年全球经济深度下滑，2021 年的世界经济在"同比神器"的作用下，增长率的数据应该是比较好看的。我们更愿意看到的是全球化不要进一步逆转，中美之间多一些温度和理解；全球在多边框架下帮助新兴经济体和不发达经济体渡过疫情冲击的难关，有双方真诚的主权债务重构安排；部分发达经济体也要自律，国际货币体系过度弹性的扩张性刺激政策会导致全球流动性的急剧增长，最终都会带来通胀、资产价格波动和汇率波动的潜在风险。如此，2021 年的世界经济会变得好一些。